Markus Vorbeck
Ab heute bin ich Chef

Markus Vorbeck

AB HEUTE BIN ICH CHEF

Das Profi-Training
für den ersten Führungsjob

Econ

Econ Verlag
Econ Verlag ist ein Verlag der Ullstein Buchverlage GmbH
Originalausgabe
1. Auflage 2004

ISBN 3-430-19385-0

Gesetzt aus der Stempel Garamond bei LVD GmbH, Berlin
Druck und Bindearbeiten: Clausen & Bosse, Leck
Printed in Germany

Inhalt

Warum ich niemals Chef werden wollte und heute froh bin, es zu sein

Irgendwo über dem Atlantik, in 10 000 Meter Höhe, hatte mich mein Chef im Januar 1999 zum ersten Mal gefragt, ob ich mir vorstellen könne, selbst einmal die Verantwortung für ein Team zu übernehmen. An die Umstände erinnere ich mich genau, weil ich angesichts der geschäftsmäßig-erlauchten Kulisse für eine solche Masterfrage (Dienstreise in die USA, Business-Class-Lunch an Bord einer 747) innerlich schmunzeln musste. Meine zweite Reaktion bestand darin, in der folgenden halben Stunde mit verschwurbelten Satzgirlanden zu antworten, denen man an Substanziellem nur eines entnehmen konnte: Weiß nicht so recht, kommt darauf an. Gedacht habe ich mir was anderes, nämlich: Dieses Managementgebaren macht mich nicht an. Einer Zahl von Individuen die Richtung anzuzeigen und zugleich die Zügel in der Hand zu halten sehe ich nicht als Teil meines genetischen Codes. Und mit machthungrigen Führungskollegen aus den Nachbarabteilungen fortwährend um Besitzstandserweiterung zu balgen ist purer Stress, dem ich nichts Positives abzugewinnen vermag. Nein danke also, ich verzichte.

Vor drei Jahren hat mein Chef wieder gefragt. Dieses Mal habe ich keine halbe Stunde für wortreiches Herumdrucksen gebraucht, sondern zehn Sekunden für eine klare Ansage. Führungskraft werden? Selbstverständlich, herzlich gern, ich wüsste auch schon, für welchen Bereich ich am liebsten verantwortlich wäre.

Eine Kehrtwende um 180 Grad, ein fundamentaler Sinneswandel, ja, das kann man so sagen. In der Retrospektive führe ich meinen anfänglichen Schlingerkurs auf jugendliches Laisser-faire und den Snobismus meiner Unwissenheit zurück. Ich vermute, dass ich meinen angelesenen Klischees über »Nieten in Nadelstreifen« und die »Neurosen der Chefs« zu dieser Zeit mehr Vertrauen geschenkt habe als eigenem Anschauungsmaterial. Als Young Professional, ausgestattet mit einer Vita von zwei Arbeitsjahren, war ich damals wahrscheinlich in meinem Aufgabengebiet noch nicht genügend gefestigt, um eine Extrapolation meiner beruflichen Entwicklung zu wagen. Wie auch immer, heute schätze ich mich glücklich, dass mich der Ruf ereilt hat und ich ihm gefolgt bin. Ich glaube nicht zu übertreiben, wenn ich behaupte: Der erste Job als Führungskraft ist wie eine Trekkingtour nach fünf Pauschalurlauben, eine Entdeckungsreise auf einer neuen Umlaufbahn. Eine Horizonterweiterung und Selbsterfahrung, die ich nicht missen möchte. Weil man lernt, Stellung zu beziehen und den Kopf auch bei rauer See aus der Kajüte zu strecken. Weil man herausfindet, wie es sich anfühlt, Steine ins Rollen zu bringen und Spuren zu hinterlassen. Ich kann Sie daher nur ermutigen: Sollten Sie das Thema Führung und Personalverantwortung als Berufsziel auf Ihrem Radarschirm haben, dann »go for it« – greifen Sie zu, sobald sich die Chance bietet. Und wenn Sie bereits dabei sind, in diese Rolle hineinzuwachsen, so rufe ich Ihnen zu: Gratulation und Glückwunsch! Hängen Sie sich rein, Sie haben sich für einen äußerst spannenden Trip entschieden.

Über dieses Buch

Dieses Buch ist eine Inspektion nach zweieinhalb Jahren Führungsverantwortung. Der Fundus, auf den ich bei den Recherchen zugegriffen habe, umfasst neben meinen eigenen Erlebnissen und (Selbst-)Beobachtungen als Leiter eines fünfköpfigen Teams auch den Austausch im Kreis befreundeter Nachwuchschefs* und Gespräche mit Senior-Führungskräften, die über einen genügend großen Erfahrungsspeicher verfügen, um sich (wenn sie denn so wollen) als gestandene Manager zu bezeichnen. In diesem Sinn ging es mir darum, so persönlich und praxisnah wie möglich zu schreiben.

Dieses Buch ist zudem von dem Anspruch eines, wie ich hoffe, schnörkellosen Ansatzes geleitet: Es gibt ein paar markante Themen, in denen man als Führungsyoungster schlicht und ergreifend fit werden muss. Sie bilden das Gravitationsfeld Ihrer neuen Rolle, sie sind die Elementarteilchen. Das Entscheidende dabei: **Anhand der Auseinandersetzung mit diesen Themen wird sich weisen, ob Sie zu einem guten Chef taugen und ob Sie sich in dieser Haut wohl fühlen.**

Machen wir es konkret. Die folgenden Seiten handeln von dem, worauf es bei Ihrem ersten Führungsjob ankommt – fünf Knackpunkte, die es zu erlernen und zu beherrschen gilt:

* Der besseren Lesbarkeit wegen habe ich auf komplizierte Konstruktionen à la »der/die Chef(in)« verzichtet. Begriffe wie Chef, Vorgesetzter oder Mitarbeiter stehen aber selbstverständlich immer auch gleichbedeutend für die weibliche Person.

- Sie müssen ein präzises Bild Ihrer Leistungserwartungen aufbauen.
- Sie müssen Mitarbeiter auswählen, die für die Aufgaben in Ihrem Verantwortungsbereich geeignet sind.
- Sie müssen unangenehme Gespräche meistern.
- Sie müssen Ihre Mitarbeiter zu Erfolgen anstiften.
- Sie müssen politisches Geschick unter Beweis stellen.

Der Aufbau des Buches orientiert sich an diesen »Muss-Themen«. Jedem von ihnen ist ein Kapitel gewidmet (Kapitel 2 bis 6). Vorgeschaltet habe ich einen Abschnitt über Ihre Einstiegs- und Einarbeitungsphase (Kapitel 1). Ich nehme diese Bewährungszeit genau ins Visier, weil ein geglückter Start Ihren weiteren Weg ebnet. Versäumen Sie es hingegen, bestimmte Dinge am Anfang richtig anzupacken, machen Sie sich das Leben in den Folgemonaten unverhältnismäßig schwer. Abrunden möchte ich dieses Buch mit einem Schlussplädoyer der etwas anderen Art. Ein dreiteiliger Selbstcheck ersetzt die klassische Mischung aus Zusammenfassung und Ausblick. Seien Sie eingeladen, Ihre Fitness für den ersten Führungsjob auf die Probe zu stellen, indem Sie zentrale Passagen noch einmal in einer spielerischen, augenzwinkernden Form reflektieren.

1. Das 100-Tage-Programm: Strategien für einen gelungenen Start

Sie kennen das: Wenn Politiker in exponierte Ämter aufsteigen, wenn Parteien an die Regierung gelangen, dann inszeniert die Mediendemokratie unserer Tage in schöner Regelmäßigkeit den 100-Tage-Automatismus. Danach ist sie vorbei, die Schonzeit, ab jetzt werden die Messer gewetzt. Die Opposition klagt an, die Journalisten bilanzieren. Das alles lautstark kundgetan, in den Abendnachrichten, einem der vielen TV-Talks, den Kommentarspalten der großen Zeitungen und Magazine.

Die Symbolik der 100 Tage hat längst Einzug in die Managementliteratur gehalten. Zu Recht, wie ich finde. Als einprägsame Metapher für die Bedeutung der Einstiegs- und Einarbeitungsphase bietet sich die 100-Tage-Frist geradezu an. Sie ist ein realistisches Zeitmaß für den Korridor, der Ihnen vergönnt ist, um die Weichen für Ihre neue Aufgabe zu stellen. Eine knapp bemessene, hoch komprimierte Episode Ihrer beruflichen Entwicklung, in der sich weisen wird, ob Sie ein solides Fundament für den weiteren Hausbau legen oder Fehler begehen, deren Auswirkungen Sie dann wie Ballast mit sich schleppen und die möglicherweise dazu führen, dass Sie Ihr erstes Jahr als Führungskraft eher als Qual denn als Herausforderung erleben.

Ihr Einstieg: Ein Stück über Bewährung. In fünf Akten

Sich generalstabsmäßig zurechtzulegen, wie Sie sich idealtypisch von Tag 1 bis 100 voranhangeln, ist mit Sicherheit wenig zielführend. Ein Drehbuch auf dieser Detaillierungsebene würde von der Realität ziemlich schnell torpediert und über den Haufen geworfen werden. Gleichwohl macht es Sinn, den 100 Tagen eine Marschroute überzustülpen, die sich an identifizierbaren Wegmarken orientiert. In der Tat ist es so, dass sich Ihre Bewährungszeit in Phasen unterteilen lässt. Diese werden zwar nicht strikt chronologisch verlaufen, sind aber bei modellhafter Draufsicht klar voneinander zu unterscheiden. Stellen Sie sich vor, Sie seien der Protagonist einer Theateraufführung: Das Stück (verpassen wir ihm den Arbeitstitel »Die Reifeprüfung«) ist in verschiedene Akte unterteilt. Die Szenenbilder und Kulissen wechseln, aber jedes Mal sind Sie auf der Bühne, und das immer mittendrin. Alle Augen ruhen auf Ihnen, dem Hauptdarsteller. Als solcher sind Sie dazu verurteilt, Akzente zu setzen, zu agieren, durch Auftreten und Ausstrahlung zu überzeugen. So oder so ähnlich ist es mit Ihren ersten 100 Tagen. Und jetzt: Vorhang auf.

Prolog: Die Situation

Unabhängig davon, ob Sie Ihre erste Führungsaufgabe in Ihrem Unternehmen oder in einer anderen Firma antreten – Sie werden in den meisten Fällen für ein Team verantwortlich sein, dessen Akteure Ihnen so gut wie unbekannt sind. Zu Begegnungen mag es im Vorfeld vielleicht schon gekommen sein. Dass Sie Ihre künftigen Mitarbeiter bereits näher kennen, wäre jedoch eindeutig zu hoch gegriffen. Im Grunde betreten Sie terra incognita. Gleiches gilt für Ihren fachlichen Wissensstand. Von dem, was auf Sie wartet, haben Sie eine Vorstellung. Ansonsten hätten Sie sich auf den Job wahrscheinlich gar nicht eingelassen. Aber Sie sind weit davon entfernt, sich als eingearbeitet und sattelfest betrachten zu können.

Erster Akt: Chef, was wollen Sie?

Der Anfang von allem ist das Gespräch mit Ihrer Führungskraft. Mein dringlicher Aufruf: Organisieren Sie sich vor dem Auftakt mit Ihrem Team einen ausführlichen Termin im Büro Ihres Chefs. Nutzen Sie diese Begegnung als Erkundungsgang. Sondieren und klären Sie so viel wie möglich. Idealerweise – also wohl wissend, dass Sie in der Wirklichkeit immer Abstriche machen müssen – gehen Sie am Ende zur Tür hinaus und haben verwertbare Aussagen zu fünf Punkten in der Tasche, die ich nach ihrer Wichtigkeit folgendermaßen priorisieren würde:

1. **Erwartungshaltung Ihres Chefs:** Was ist das Leitmotiv Ihres Jobs, wie lautet die plakative Überschrift, die über Ihrem Auftrag steht? Geht es zum Beispiel vorrangig darum, dass Sie »den Output um den Wert X steigern«, oder sollen Sie vor allem »für Aufbruchstimmung sorgen und frische Ideen reinbringen«?
2. **Notwendigkeit schneller Erfolge,** was insbesondere

bedeutet: Was müssen Sie zuerst anpacken? Mit welchen Themen können Sie punkten und zügig eine Duftmarke setzen?

3. **Kompetenzabsprachen:** Was können Sie entscheiden? Wann und wo will Ihr Chef mitreden, dabei sein, eingebunden werden etc.?
4. **Ressourcenfragen:** Stehen Budgetkürzungen bevor? Können Sie neue Leute einstellen etc.?
5. **Fallstricke à la:** Übernehmen Sie Mitarbeiter, die voreingenommen oder besonders kritisch eingestellt sind? Mit welchen Nachbarabteilungen gab es in der Vergangenheit mehr feindliches Nebeneinander als konstruktives Miteinander?

Der augenscheinlichste Vorteil eines solchen Vorabgesprächs besteht natürlich darin, dass Sie einen ersten Zugang zu dem Koordinatensystem aufstoßen, in dem Sie sich von nun an bewegen. Und, was vielleicht sogar noch wichtiger ist: In vielen Fällen kann das Vorfühlen Ihrem »Druckausgleich« dienen. Führungsneulinge neigen dazu, an sieben Stellschrauben gleichzeitig zu drehen, ordentlich Gas zu geben, vieles ganz unmittelbar zu wollen, kurzum: übers Ziel hinauszuschießen. Was verständlich ist, da man sich selbst gehörig unter Strom setzt und zugleich jene Erwartungen, die an einen herangetragen werden, förmlich aufzusaugen scheint. Bleiben wir auch an dieser Stelle völlig frei von Illusionen – es ist nun mal der eigene Chef, der diesen Druck ausübt und entscheidend verstärkt, und dementsprechend wird Ihr Antrittsbesuch nicht damit enden, dass sämtlicher Erfolgszwang auf einmal von Ihnen weicht. Immerhin aber bietet dieses erste bedeutende Date die nicht zu unterschätzende Chance, so manche überschäumende Erwartung einzubremsen oder begründete Bedenken anzumelden. Und falls nicht, wird es zumindest einen Beitrag dazu leisten, dass Sie nicht mit blindem, weil unwissendem Eifer auf Ihr Team losrennen.

Zweiter Akt: Guten Tag, ich bin der Neue

D-Day. Das erste Rendezvous mit Ihrem Team. Seien Sie gewiss: In der Mehrheit werden Ihre Mitarbeiter gespannt sein. Das Interesse daran, welche Figur der zukünftige Chef bei seinem Premierenauftritt abgibt, ist naturgemäß groß. Wie präsentieren Sie sich? Welche Themen schneiden Sie an? Worauf legen Sie Wert? Variantenreiche Gretchenfragen, die allesamt um ein Sujet kreisen – wie tief lassen Sie blicken, wie viel lassen Sie vom Stapel, über sich als Person und das, was Sie vorhaben? Um diesem Drang nach Information geschickt zu begegnen, hat sich nach meiner Erfahrung bewährt, den Erstkontakt mit Ihrem Team auf drei Säulen zu stützen: die Form der Selbstvorstellung entkrampfen, Privates einstreuen und nur solche Botschaften auftischen, die nicht nach vollmundigen Ankündigungen schmecken. Damit meine ich im Einzelnen:

Wie wäre es mit einer Alternative zur Antrittsrede?

Sie können sich sicher ausmalen, wie oft die Selbstvorstellung nach der klassischen Prozedur verläuft. Zunächst das Präludium durch den eigenen Chef, der vorbeischaut, um den Newcomer mittels einer kurzen Ansprache offiziell zu inthronisieren, und dann Bühne frei für das »Mission Statement« der neuen Führungskraft. Als Türöffner kann die Antrittsrede zweifellos prima funktionieren. Wem das freie Sprechen vor Publikum liegt, dem wird es auch nicht schwer fallen, sich mit diesem Format anzufreunden. Andererseits sind gute Reden alles andere als eine Fingerübung. Sie wissen, was man als Zuhörer im Nachhinein über Reden sagt, die nicht gezündet haben: zu steif, zu fad, zu unstrukturiert, zu sehr auswendig gelernt, zu viele klischeelastige Appelle und Sprachbilder, die man schon aus anderen Vorträgen kennt.

Warum dann nicht einfach mal eine andere Platte auflegen? Angesichts der Tatsache, dass man eine Menge Dinge richtig machen muss, damit eine Rede ankommt, halte ich diesen Gedanken für lohnenswert. Kreative Köpfe tun sich da möglicherweise leichter, ungeachtet dessen braucht es aber keine Showeinlage, um aus der Linie auszuscheren. Kleine Abweichungen von der gängigen Spur sind völlig ausreichend. Die Auftaktstimmung lockert sich schon merklich auf, wenn man sich ein Stück weit aus dem angestaubten Korsett der Antrittsrede befreit und beispielsweise Folgendes tut: die Begrüßung kurz und knackig halten und anstelle eines Monologs anbieten, eine Art Bewerbungsgespräch nachzustellen. Sie schlüpfen quasi in die Rolle des Bewerbers, Ihre Mitarbeiter sind die Interviewer, gegenüber denen Sie sich in einer offenen Fragerunde »verkaufen« müssen. Diesen Ansatz finde ich insbesondere dann geeignet, wenn man ihm einen leichtfüßigen Dreh gibt. Zum Beispiel so: Ihre Mitarbeiter dürfen sich beraten und Ihnen insgesamt zehn Fragen präsentieren, nach dem Muster: drei zu Ihrem beruflichen Werdegang, zwei zu Ihrer

Selbsteinschätzung (»Was können Sie gut?«), drei zu Ihrem Wertesystem (»Was ist Ihnen in der Zusammenarbeit wichtig?«), zwei zum Thema Freizeit und Privates (»Wie sieht Ihre Wohnung aus?«). Eine solche Form setzt natürlich voraus, dass Sie bereit sind, auf die Fragen möglichst ehrlich und alles andere als einsilbig zu antworten. Sie sollten einen Schuss Spontaneität und Humor in die Waagschale werfen und sicher auch eine Brise Schlagfertigkeit, da sich mancher Mitarbeiter in dieser Situation berufen fühlen wird, Sie in einer etwas provokanteren Manier anzupacken beziehungsweise aus der Reserve zu locken. Nach meiner Meinung ist der Umgang mit dieser Unwägbarkeit aber ein reizvolles Risiko. Es lockt die Aussicht auf Gewinn. Denn wenn Sie sich gut schlagen, dokumentieren Sie gleich zu Beginn, dass Sie Selbstbewusstsein und Souveränität mitbringen.

Erzählen Sie von Ihrer Freizeit

Gehen Sie davon aus, dass Ihre Mitarbeiter nicht nur wissen wollen, wie Sie in Ihrer Rolle als homo oeconomicus ticken. Sie wollen auch etwas über den Teil Ihrer Person erfahren, der nichts mit der Arbeit zu tun hat und der sich erst nach Dienstschluss entfaltet. Diese Neugier wohnt, so glaube ich, allen inne, die miteinander arbeiten. Klar, es ist Typfrage, inwieweit man seinem beruflichen Umfeld sein Leben neben der Arbeit outet. Das weiß jeder selbst am besten, da braucht es keine wohl gemeinten Tipps von Buchautoren. Daher möchte ich an dieser Stelle auch nur eine Anmerkung machen: Ich würde nicht dazu raten, beim Thema Freizeit und Privates völlig zugeknöpft aufzutreten. Einfach weil Sie sich nichts vergeben, wenn Sie ein paar »unverfängliche« Einblicke gewähren. Hobbys sind dafür optimal, ein Terrain, das nicht gerade dafür bekannt ist, so pikant zu sein (meistens zumindest), dass man besser beraten wäre, den Mantel des Schweigens darüberzubreiten. Sie vollziehen ja keinen Seelenstriptease, wenn Sie mit leuchtenden Augen davon berichten, dass Sie samstags ins Fußballstadion gehen, regelmäßig Opern- und Theaterpremieren besuchen oder Ihren Sommerurlaub am liebsten auf dem Mountainbike verbringen. Erzählen Sie von solchen Passionen ruhig etwas ausführlicher, und das eben durchaus mit erkennbarer Begeisterung. So platt es klingen mag, aber Offenheit an dieser Stelle macht Sie für Ihre Mitarbeiter gleich nah- und einschätzbarer.

Kennen lernen geht vor ankündigen

Ließe sich per Dekret verfügen, dass junge Führungskräfte Vokabeln wie Vision, Strategie und Konzept aus Ihrem Antrittsvokabular zu verbannen haben, dann würde ich einen solchen »Maulkorberlass« eindeutig befürworten. Große Worte zu machen ist nach meinem Empfinden der kapitalste Fehler, den Sie als Führungsfrischling beim ersten Get-together mit Ihrem Team begehen können. Um es als Faustregel zu formulieren: Je neuer die Materie ist, auf die Sie sich von nun an einlassen, je weniger Sie beurteilen können, welche Stolpersteine (in fachlichen Fragen ebenso wie im persönlichen Umgang!) lauern, desto mehr sollten Sie sich in puncto Ankündigungen zurückhalten. Unterschätzen Sie nicht den Bumerang-Effekt, den Sie auslösen, wenn Sie gleich zu Beginn über all das schwadronieren, was Ihnen an Änderungen, Reformen und Innovationen durch den Kopf spukt. Kaum angekommen, begeben Sie sich schon in den Zugzwang, sich an Ihren frühen, mit hoher Wahrscheinlichkeit noch unausgegorenen Prophezeiungen messen lassen zu müssen.

Dass man sich relativ leicht dazu hinreißen lässt, über seine Vorhaben und Visionen zu parlieren, ist zugegebenermaßen nachvollziehbar. Zum einen ist es das ureigene Interesse Ihrer Mitarbeiter, in Erfahrung bringen zu wollen, was Sie sich alles vorgenommen haben und was Ihnen dabei an Veränderungen vorschwebt. Auf derartige Fragen müssen Sie zum Auftakt also gefasst sein. Zum anderen halte ich es für gut möglich, dass Ihnen – der Erfolgsdruck lässt grüßen – eine innere Stimme einflüstert: *Nun stehe ich hier. Ab jetzt bin ich in der Verantwortung. Alle erwarten, dass ich etwas zur Zukunft dieses Teams und unserer Arbeit sage. Ich muss rüberbringen, dass ich weiß, was ich will.* Ich kann dann nur raten: Widersagen Sie dieser inneren Stimme, bleiben Sie standhaft. Lassen Sie sich nicht zu Andeutungen und Festlegungen verführen, die Sie in eine Richtung tragen, von der Sie noch nicht hundertprozentig sicher sind, ob Sie sie überhaupt einschlagen wollen.

Der Ausweg aus dem Ankündigungsdrang ist Bodenhaftung, Konzentration aufs Wesentliche: Tun Sie nicht mehr, als deutlich zum Ausdruck zu bringen, dass »Ihr Plan« zuallererst darin besteht, sich genügend Zeit zu nehmen, um Ihre Mitarbeiter und deren Arbeitsabläufe und Aufgaben kennen zu lernen. Erst dann können und werden Sie sich konkreter zu Ihren strategischen Zielen äußern. Ich bin davon überzeugt, dass Sie mit dieser Form der Besonnenheit in der Regel punkten werden. Sie signalisieren Lernbereitschaft und belegen Ihren Respekt vor dem Neuland, das Sie betreten. (Ein Tipp in diesem Zusammenhang: Schlagen Sie Ihren Mitarbeitern doch vor, dass einer von ihnen den Ablauf Ihrer ersten Arbeitswoche konzipiert.) Zudem vermeiden Sie auf diese Weise einen Anfänger-Fauxpas, auf den der ein oder andere vielleicht schon wartet; nämlich als der nassforsche Erneuerer aufzutreten, den man bei der erstbesten Gelegenheit genüsslich auflaufen lassen kann.

Im Übrigen spricht nichts dagegen, Ihre Mitarbeiter darüber aufzuklären, dass Sie bereits ein Sondierungsgespräch mit Ihrem Chef geführt haben. Sie können in diesem Fall argumentieren, nun den zweiten Schritt zu gehen und sich persönlich mit Ihrem Team, den Strukturen etc. zu beschäftigen. Danach, aber eben nicht zuvor, sei Ihr Bild rund genug, um den weiteren Weg zu skizzieren. Sollte der »erste Akt«, das Gespräch mit Ihrem Chef, noch nicht stattgefunden haben, so verweisen Sie darauf, dieses abwarten und nicht vorab mit Statements zur zukünftigen Ausrichtung Ihres Teams losgaloppieren zu wollen.

Neben der zentralen Aussage, sich zunächst auf das Verstehen des Verantwortungsbereichs zu fokussieren, halte ich Erläuterungen zum persönlichen Wertekanon für angemessen und angebracht. Mit Werten meine ich das breite Spektrum arbeitsrelevanter Faktoren wie Fairness, Leistungsbereitschaft, Teamplay oder Akzeptanz anderer Meinungen und Kulturen. *»Ich weiß, dass wir bei der derzeitigen Marktlage alle gehörig unter Druck stehen. Ich möchte aber dennoch, dass wir uns im täglichen Miteinander mit Respekt begegnen und auf unseren Umgangston achten.«* Botschaften wie dieser haftet schnell etwas »politisch Korrektes« an, folglich werden sie häufig als stereotyp und beliebig wahrgenommen. Dennoch würde ich sie nicht per se in die Ecke billiger Allgemeinplätze stecken. Im Gegenteil: Gelingt es Ihnen, anhand konkreter Situationen aus Ihrer bisherigen beruflichen Praxis zu transportieren, warum Ihnen zum Beispiel ein Wert wie Fairness wichtig ist, dann tragen solche Reflexionen dazu bei, dass Ihre Mitarbeiter wissen, woran sie mit Ihnen sind. Sie werden, um einen bereits genannten Begriff nochmals aufzugreifen, einschätzbarer. Eines sollte dabei klar sein: Das, was Sie vorbringen, muss ehrlich gemeint und daher gut überlegt sein. Wenn Sie, für alle spürbar, Floskeln reproduzieren, haben Sie sich ganz schnell einen Bärendienst erwiesen.

Dritter Akt: Laufen lernen

Ihr Andockmanöver ist abgeschlossen. Es beginnt ein nicht minder spannender Teil Ihrer Mission. Das Raumschiff, auf dem Sie soeben angeheuert haben, muss jetzt Ihr zweites Zuhause werden. Machen Sie sich mit allen Systemen und technischen Details vertraut. Kein Aufbruch in neue Welten ohne gründliche Kenntnis der Bordausstattung. Oder anders gesagt: Los geht's mit Ihrem Crashkurs namens Einarbeitung. In möglichst wenig Zeit gilt es möglichst viel aufzusaugen, und das immer mit dem Ziel vor Augen, die Produktionsbedingungen und Umfeldfaktoren Ihres Verantwortungsbereichs zu verstehen. Die Fragestellungen, um die sich Ihre Bestandsaufnahme drehen sollte, sind dabei ebenso naheliegend wie wesentlich:

- Wofür ist mein Bereich in diesem Unternehmen da?
  → Funktion und Beitrag zur »Wertschöpfung«

- Was machen meine Mitarbeiter?
  → Aufgaben und Abläufe
- Mit welchen Abteilungen arbeiten wir zusammen?
  → Abstimmungsbedarf und Abhängigkeiten
- Wer sind meine Kunden?
  → Interne und externe Abnehmer der Leistungen, die Ihr Bereich erbringt

Beim Zusammentragen der Antworten ist es natürlich empfehlenswert, sich verschiedener Quellen und Blickwinkel zu bedienen. Bevor Ihre Sicht der Dinge Gestalt annimmt, sollten Sie ausreichend viele und unterschiedliche Wahrheitspixel gesammelt haben. Kommen Sie sich während Ihrer ersten 100 Tage ein bisschen wie ein »Profiler« vor. Ihr Auftrag ist dessen Informationsgewinnung gar nicht so unähnlich: aufmerksam beobachten und genau zuhören. Fragen, fragen, fragen und wenig urteilen. Und, nicht zu vergessen, Akten studieren. Auf Ihre Situation übersetzt heißt das:

Lesen bildet

Einem bekannten Bonmot zufolge gibt es keine dummen Fragen, sondern nur dumme Antworten. Ich bin mir da, ehrlich gesagt, nicht so sicher. Zumindest glaube ich, dass Sie klug beraten sind, eine Reihe von Fragen in Eigenregie zu erschlagen, indem Sie sich dem Selbststudium widmen. Das Organigramm Ihres Unternehmensbereichs im Intranet, Guidelines mit Dienstanweisungen und Verfahrensregeln, Strategiepapiere, die Ihnen Ihr Chef in die Hand drückt, Fachliteratur zu Ihrem Aufgabengebiet, Webseiten und Diskussionsforen im Internet: Quellen, die Sie zu Rate ziehen können, finden sich genügend. Ausgiebige Grundlagenlektüre gehört zu Beginn Ihrer Tätigkeit einfach dazu, und dass Sie sich dieses Basiswissen zumeist im stillen Kämmerlein erarbeiten, zu Hause, am Abend, lässt sich aufgrund Ihrer umfangreichen Agenda nicht vermeiden. Keiner wird es aussprechen, aber jeder wird erwarten, dass Sie Ihre Hausaufgaben auch auf diese Weise erledigen.

Ran an den Alltag Ihrer Mitarbeiter

Dies ist der unbestritten wichtigste Punkt Ihrer Einarbeitung. Bildlich gesprochen lautet die Devise: Springen Sie so oft wie möglich hinter Ihrem Schreibtisch auf und hüpfen Sie Ihrem Team auf den Schoß. Begleiten Sie Ihre Mitarbeiter an deren Arbeitsplatz, verbringen Sie Zeit mit ihnen. Am besten, Sie kriegen (mindestens) einen ganzen Tag »on the job« mit. Takten Sie daher Ihre Termine in den Anfangswochen nicht zu eng. Wenn Ihre Mitarbeiter berichten und der Report etwas länger ausfällt, dann sollten Sie nicht ungeduldig mit den Hufen scharren, weil Ihr Terminkalender Ihnen bereits das nächste Meeting diktiert. Organisieren Sie sich tatsächlich so, dass Sie sich im Talk mit Ihren Mitarbeitern wissbegierig und aufnahmebereit zeigen können. Interessante Fragen zu Aufgaben und Abläufen gibt es ja zuhauf. Sieben davon habe ich hier aufgelistet:

- Wie sieht Ihr typischer Arbeitstag/Ihre typische Arbeitswoche aus?
- Mit welchen Arbeiten sind Sie die meiste Zeit beschäftigt?
- Wer im Unternehmen greift auf Ihre Ergebnisse, Dienstleistungen etc. zurück?
- Auf welche Abteilungen sind Sie angewiesen?

- Was funktioniert aus Ihrer Sicht gut?
- Wo halten Sie Verbesserungen für nötig?
- Was wäre dafür zu tun?

Einen Aspekt Ihres Know-how-Aufbaus möchte ich an diesem Punkt besonders herausstellen. Während Ihrer Startphase als Führungskraft haben Sie eine Chance, die Ihnen so ausgeprägt später nicht mehr unterkommt. Ich meine die Chance, unbelastet und damit auch ein Stück weit unbekümmert und unbedarft bei den eigenen Mitarbeitern in die Lehre gehen zu können und Nachhilfestunden zu nehmen. Sich dazusetzen, ohne Umschweife zugeben, dass man von diesem und jenem noch keinen Schimmer hat, darum bitten, bei den Erklärungen ruhig etwas ausführlicher auszuholen – all das ist später, nach Ablauf Ihrer 100 Tage, auch weiter möglich, aber es wird schwieriger, je mehr Sie in Ihre Verantwortung hineinwachsen und am Niveau Ihres akkumulierten Wissens gemessen werden.

Klopfen Sie an die Türen Ihrer Partner

Der Rundgang bei den Leitern der Nachbarabteilungen ist Pflichtbaustein Ihres Startprogramms. Priorität haben dabei vor allem die Kollegen auf Ihrer Arbeitsebene aus jenen Abteilungen, zu denen wichtige Schnittstellen bestehen. Solch ein »Meet and greet« erfüllt in erster Linie eine Signalfunktion. Sie machen Ihre Aufwartung und sind gefordert, Ihre Bereitschaft zu konstruktiver Zusammenarbeit zu artikulieren. Dazu gehört auch, dass Sie sich aktiv danach erkundigen, wie die Kooperation mit Ihrem Team aus Sicht Ihrer Kollegen bisher gelaufen ist. Nehmen Sie kritische Anmerkungen auf, registrieren

Sie etwaige Verbesserungsvorschläge mit erkennbarem Wohlwollen, aber halten Sie sich im gleichen Maß mit Ankündigungen und vorschnellen Versprechungen zurück. Sie merken schon: Auch für diesen Einstand gilt die Maxime, sich nicht zu weit aus dem Fenster zu lehnen. Konzentrieren Sie sich aufs Fragen und Zuhören. Und achten Sie insbesondere darauf, ob Ihnen Alternativversionen präsentiert werden, die von dem abweichen, was Ihnen bis dato von Ihrem Chef und Ihren Mitarbeitern geschildert wurde. Mit spontanen Reaktionen à la »Seltsam, das wurde mir bisher aber ganz anders dargestellt« wäre ich allerdings vorsichtig. Nehmen Sie Einlassungen der Kollegen (vor allem solche nach dem Motto »Ich sage Ihnen, wie's wirklich läuft«) zunächst einmal zur Kenntnis, ohne sie mit redseligen Kommentaren zu quittieren. Gerade im Kreis der einem noch unvertrauten Führungskollegen sehe ich gedrosselte Offenheit als prinzipiell geboten an. Es wäre übertrieben, hinter jeder Bemerkung sofort eine manipulative Absicht zu vermuten. Gleichwohl würde ich den Grad Ihres Vertrauens nicht auf (vermeintlich) offenherzige Einblicke bauen, sondern von den ersten konkreten Berührungspunkten und Ergebnissen in der Zusammenarbeit abhängig machen.

Connections anzapfen

Eine simple Botschaft, die besagt: Sprechen Sie mit Personen aus Ihrem beruflichen Umfeld und Ihrem Bekanntenkreis, die Tipps auf Lager haben und bei denen Sie das Gefühl haben, unverfänglich nachfragen zu können. Verfügen Sie über Bekannte in anderen Firmen, die selbst Führungskräfte sind oder sich gerade auf diesen

Job vorbereiten, dann sollten Sie den Erfahrungsaustausch über die unterschiedlichen Akzente der »gemeinsamen Story« unbedingt pflegen. Ist jemand unter Ihren internen Kontakten, der als Insider am Geschehen in Ihrem Team oder Ihrem Unternehmensbereich nah dran ist, so werden Sie sich dieser Quelle sicher nicht verschließen. Immerhin winken handfeste Informationen über alle erdenklichen Tretminen und Hinweise darauf, wie man Ihnen, dem Nichtsahnenden, »mitspielen« könnte. Vertrauenswürdigkeit und Integrität Ihres Lieferanten müssen in diesem Fall aber über jeden Zweifel erhaben sein.

Zu guter Letzt: Fragen Sie Ihre Kunden

Kunden wissen oftmals am besten, wo Ihr Getriebe sauber läuft und welche Rädchen Öl vertragen. Sie sind als Sparringspartner für die Analyse des Ist-Zustands und als Ratgeber für Reformideen gleichermaßen wertvoll. Sobald Sie mit den fachlichen Grundfesten Ihrer Aufgabe Bekanntschaft geschlossen haben, ist es an der Zeit, den Dialog mit Ihren (internen und externen) Kunden zu suchen. Versetzen Sie sich in deren Lage, binden Sie die Abnehmer Ihrer Leistungen wo immer möglich in Ihre Überlegungen mit ein.

Vierter Akt: Mein Team, das unbekannte Wesen

Wenn ein Sporttrainer ein neues Team übernimmt, wird er sich sofort mit der Frage auseinander setzen müssen: Welche Typen spielen eigentlich in meiner Mannschaft? Als Führungskraft ergeht es Ihnen nicht anders. Es reicht nicht, Ihre Mitarbeiter nur als Wissensträger und Experten ihrer Aufgabe kennen zu lernen. Sie müssen darüber hinaus den Persönlichkeits-Check durchführen, sich mit jeder einzelnen Person beschäftigen und deren Einstellung Ihnen und der Arbeit gegenüber eruieren. Für Ihren Start bedeutet das zweierlei: zum einen Ihre Mitarbeiter im Tagesgeschäft hautnah mitzuerleben, worüber wir gerade gesprochen haben. Und zum anderen Einzelgespräche zu führen, und zwar nach dem Vier-Augen-Prinzip, als geschlossene Gesellschaft, ohne andere drumherum.

Zur Vorbereitung dieser bilateralen Treffen gehört, dass Sie die Personalakten Ihrer Mitarbeiter einsehen, sich unter anderem die bisherigen Beurteilungen anschauen und über eventuelle Vermerke (zum Beispiel »hat an folgenden Weiterbildungsmaßnahmen teilgenommen«) Bescheid wissen. Das Gebot, sich auch für diese Gespräche die Zeit zum Zuhören zu nehmen (mein Erleben: unter einer Stunde geht es nicht) und eben nicht eines nach dem anderen im Hauruckverfahren abzuhaken, nehme ich an dieser Stelle als selbstverständlich an. Ein Detail, das Sie nicht gering schätzen sollten, ist Ihr Beitrag zu einer ungestörten Atmosphäre. Will heißen: Handy aus und/oder das Telefon in Ihrem Büro auf Anrufbeantworter umstellen. Bezüglich Inhalt und Aufbau des Gesprächs – für dessen Steuerung offene Fragen das ergiebigste Mittel sind – würde ich folgende Themen als feste Bausteine aufnehmen:

- **Biografischer Warm-up:** Fragen Sie Ihre Mitarbeiter zum Beispiel, wie lange sie schon im Team sind, was sie vorher gemacht haben etc.

- **Job & Zufriedenheit:** Denkbare Leitfragen sind unter anderem: Was reizt Sie an Ihrer Aufgabe, was macht Ihnen am meisten Spaß? Was empfinden Sie eher als nervig? Was war das bisher tollste Erlebnis in dieser Aufgabe? Was beschäftigt und/oder ärgert Sie zurzeit am meisten?
- **Spontane Selbsteinschätzung** in Bezug auf Fertigkeiten, Wissen/Kenntnisse, Talente: Worin liegen Ihrer Ansicht nach Ihre Stärken? Wo sehen Sie Ihre Schwächen?
- **Entwicklungsperspektiven, Karriereziele:** Wie lange können Sie sich vorstellen, Ihren Job noch zu machen? Wovon hängt das ab? Welche Ideen haben Sie zu Ihrer weiteren beruflichen Entwicklung? Gibt es bestimmte Fähigkeiten/Fertigkeiten, die Sie sich noch aneignen wollen? Gibt es konkrete Herausforderungen, die Sie reizen?
- **Erwartungen an die Führungskraft,** was insbesondere meint, Ihren Mitarbeitern die Frage zu stellen: Wo brauchen beziehungsweise erwarten Sie meine Unterstützung?
- **Offene Punkte:** Fragen Sie Ihre Mitarbeiter, ob es noch etwas gibt, das sie gern ansprechen möchten oder von Ihnen wissen wollen, also zum Beispiel: Gibt es sonst noch Punkte, die aus Ihrer Sicht für eine gute Zusammenarbeit wichtig sind?

Mit beiden Aspekten, der Beurteilung der fachlichen Qualitäten wie dem Screening der Persönlichkeit, werden Sie über die Anfangswochen hinaus zu tun haben.

Die Schnuppertage, die Sie im Windschatten Ihrer Mitarbeiter verbringen, und das erste Einzelgespräch sind nur der Anstoß für einen kontinuierlichen Prozess, der nahezu die komplette 100-Tage-Frist in Anspruch nimmt. An der Tiefenschärfe Ihrer Beobachtungen werden Sie stetig arbeiten müssen und vermutlich manchen Eindruck korrigieren, den Sie zu Beginn gewonnen haben. So akribisch Sie an der Konturierung Ihrer Analysen feilen, so konsequent sollte der »Profiler« in Ihnen gegen Ende der 100-Tage-Marke dann aber auch zuschlagen. Fügen Sie die vielen Pixel zu einem Bild zusammen, ziehen Sie Ihre Schlüsse, beantworten Sie sich diese drei Fragen:

1. Mit wem habe ich es zu tun?
   → Stärken und Schwächen unterschiedlicher Mitarbeitertypen
2. Mit wem will ich arbeiten?
   → Das »Passungsportfolio«
3. Wer kann mit wem?
   → Ihr Team im Beziehungs-Check

Mit wem habe ich es zu tun?

Lassen Sie uns zur Klärung dieser Frage einen Abstecher in die Welt der Psychologie unternehmen. Sollten Sie für die Erkenntnisse dieser Disziplin ohnehin empfänglich sein, brauche ich wohl keine weitere Überzeugungsarbeit zu leisten. Begegnen Sie Begriffen, die mit »Psycho« beginnen, eher reserviert, dann kann ich Ihnen als Argument nur andienen: Lassen Sie sich auf die Materie ein, *free your mind*, es könnte Liebe auf den zweiten Blick werden. Bei der Typologie, die ich Ihnen nun vorstellen möchte, ging es mir genauso. Als ich auf einem Managementseminar zum ersten Mal damit in Berührung kam, reagierte ich zunächst skeptisch. Aber nach meiner Rückkehr in die Praxis und bei genauerer Reibung des Gehörten an meinen täglichen Führungserfahrungen habe ich dem Modell schlussendlich eine Menge Substanz abgewinnen können. Als Bewusstmachungsmethode hat es wertvolle Dienste geleistet.

Die grundlegende Annahme ist folgende: Idealtypisch betrachtet, das heißt also um Unterschiede sauber herauszuarbeiten, kann man seinen Mitarbeitern vier verschiedene Etikette auf die Stirn kleben. Voneinander zu unterscheiden wären: der **Analytiker**, der **Macher**, der **Integrative**, der **Expressive**.

Zwei Pole stecken den Bezugsrahmen für die Einordnung ab: Ist Ihr Mitarbeiter eher *sach-* oder *beziehungsorientiert*? Und: Ist Ihr Mitarbeiter eher *intro-* oder *extrovertiert*? Jeder dieser vier Begriffe ist dem psychologischen Fachvokabular entnommen. Alle vier haben aber Eingang in den allgemeinen Sprachgebrauch gefunden, und Sie können alle so verstehen, wie sie im Alltag Verwendung finden.

Überträgt man diese Attribute auf die vier Mitarbeitertypen, so ist der Analytiker sachorientiert und introvertiert, der Macher sachorientiert und extrovertiert. Der Integrative wäre als beziehungsorientiert und introvertiert zu bezeichnen, der Expressive als beziehungsorientiert und extrovertiert. Das Reizvolle daran: Jedem Typ lassen sich auf Basis dieser Eigenschaftspaare charakteristische Stärken und Schwächen zuschreiben. Die Steckbriefe, die dabei herauskommen, könnten dann zum Beispiel so aussehen:

Der Analytiker sachorientiert, introvertiert	**Der Macher** sachorientiert, extrovertiert
Stärken • Jedes Vorgehen hat Methode • Denkt strukturiert • Hinterfragt alles ganz genau • …	**Stärken** • Zielstrebig, ergebnisorientiert • Übernimmt Verantwortung • Sucht Herausforderungen • …
Schwächen • Will zu oft die perfekte Lösung • Bedenkenträger (»Ja, aber«) • Teamwork? Allein tüftelt es sich besser • …	**Schwächen** • Vergisst häufig, dass er andere überfordert • Übersieht Kompromisse • Sein Biss reißt andere nicht immer mit • …

Der Integrative beziehungsorientiert, introvertiert	**Der Expressive** beziehungsorientiert, extrovertiert
Stärken • Gute Antennen für das, was im Team vorgeht • Verlässlich und loyal • Hilfsbereit und diplomatisch • …	**Stärken** • »Bühnen« sind sein natürlicher Freund • Kann begeistern und begeistert sich gern • Kreativ und spontan • …
Schwächen • Kann nicht Nein sagen • Nimmt vieles persönlich • Harmoniebedürftig, will gemocht werden • …	**Schwächen** • Neigt zur eitlen Pflege seiner Andersartigkeit • Spaß an der Arbeit hängt vom Beifall ab • Gefühlsschwankend (heute heiter, morgen betrübt) • …

Wie jede Idealtypenbildung ist auch diese eine »reinrassige« Betrachtung. In der Realität werden Sie nicht jeden Ihrer Mitarbeiter ohne weiteres in eine der vier Schubladen stecken können. Es gibt Mischtypen, die eine Mixtur aus zwei Profilen darstellen oder sogar von allem etwas haben. Aber es werden bestimmt auch einige dabei sein, die ganz gut in eines der Kästchen passen. Mein simpler Appell lautet deshalb: Probieren Sie's aus. Starten Sie den Versuch einer Zuordnung, lassen Sie die unterschiedlichen Persönlichkeiten Ihres Teams anhand des hier vorgeschlagenen Rasters vor Ihrem geistigen Auge Revue passieren. Und dann einfach mal schauen, welche Erkenntnisse sich auftun. Und wenn Sie schon zugange sind, setzen Sie doch gleich ein paar Gedankenspiele obendrauf, die ich ebenfalls als nachdenkenswert empfinde. Um genau zu sein, sind es deren drei:

Was halten die Mitarbeitertypen voneinander? Wann können sie zum Beispiel über Kreuz geraten? Angenommen, in Ihrem Team gibt es einen ausgeprägten Analytiker und einen typischen Macher. Gut möglich, dass hier zwei Welten mit hohem Kollisionspotenzial aufeinander treffen. Der Analytiker über den Macher: »Muss der immer so voranpreschen und seine halb ausgegorene Idee als die einzig wahre Lösung verkaufen.« Der Macher über den Analytiker: »Nichts, aber auch nichts geht bei dem voran. Dieses ewige Herumoptimieren bremst alle anderen aus.«

In welches der vier Kästchen würden Sie sich selbst einordnen? Selbstreflexion schadet bekanntlich nie, und zudem schützt Sie das Wissen um die unterschiedlichen Schubladen vor einem eindimensionalen Denkmechanismus, nämlich die eigene Herangehensweise zum Maß aller Dinge zu (v)erklären und sich im selben Atemzug zu wundern, warum andere vielleicht nicht so wollen, wie Sie wollen. (»Ich mache derart viel, um unsere Themen voranzutreiben. Warum merkt hier eigentlich keiner, dass man das Tempo an allen Fronten konstant hoch halten muss, um Ergebnisse zu erzielen?«)

Welche Aufgaben passen zu welchem Mitarbeitertyp? Die Vermutung liegt nahe, dass ein Analytiker seine Zufriedenheit im Job aus anderen Tätigkeiten zieht als der expressive »Bühnenmensch«. Spannend ist da also insbesondere, welche Aufgaben Sie welchem Ihrer Mitarbeiter übertragen sollten, um ihn optimal einzusetzen.

Mit wem will ich arbeiten?

Die Frage, um die es hier geht, mag relativ unspektakulär anmuten, ist aber das genaue Gegenteil. Sie hat etwas Aufreizendes. Weil sie aus dem Rahmen dessen fällt, was die Lehrbücher zum Thema Mitarbeitereinschätzung zu berichten haben. Lehrbuchartig würde die Frage eher so lauten: Wer sind die Leistungsträger in meinem Team und welches Potenzial für weitere Aufgaben bringen sie mit? Zur Beantwortung wird dann häufig empfohlen, die Mitarbeiter in ein Portfolio einzusortieren, das sich der beiden Beurteilungsachsen Leistung und Potenzial bedient. Schauen wir uns die vier Quadranten im Einzelnen an:

Rechts oben müssten Sie demnach Ihre »Stars« ansiedeln: Leistungsträger, die in ihrem Job weit Überdurchschnittliches zustande bringen und denen Sie zutrauen, sich darüber hinaus zu entwickeln und weitere Aufgaben zu übernehmen.

Rechts unten: Das sind Mitarbeiter, die Sie als Leis-

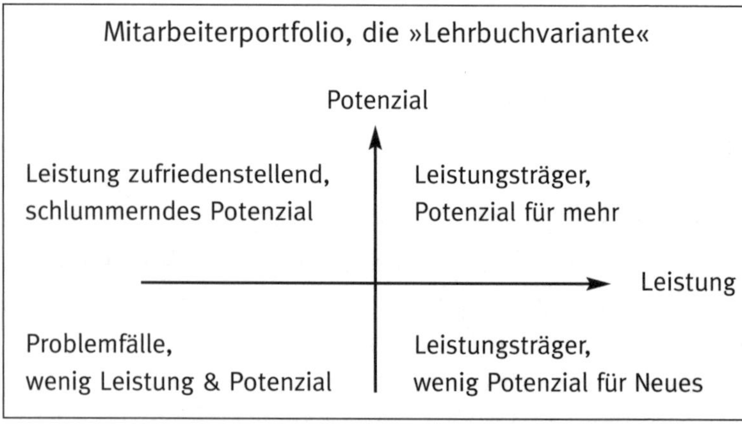

tungsträger einordnen, weil sie in ihrem Job verlässlich arbeiten und gute Ergebnisse erzielen. Etwas verallgemeinernd gesagt: Diese Mitarbeiter sind da, wo sie eingesetzt sind, richtig gut aufgehoben. Das Potenzial für neue, weiter führende Aufgaben ist aber nur eingeschränkt gegeben.

Links oben: Im Prinzip stimmt die Performance. Ihre Einschätzung bewegt sich in Nuancierungen rund um die Attribute zufriedenstellend, okay, aber nicht top, oder »ein paar Prozent mehr gingen noch«. Zugleich vermuten Sie Potenzial für mehr. Irgendwie werden Sie bei diesen Mitarbeitern das Gefühl nicht los, dass hier Talente schlummern, die einzig eines Weckrufs zur richtigen Zeit bedürfen. Häufig sind das jene Mitarbeiter, denen Sie durch Tipps, Anleitungen etc. gezielt auf die Sprünge helfen können und bei denen Sie in Ihrer Rolle als Entwicklungsberater gefordert sind.

Links unten: schwache Leistung und kaum Anzeichen für weiter führendes Potenzial. Das sind die Fälle, bei denen man sich in der Regel wünscht, sich nicht mit ihnen beschäftigen zu müssen. Unglücklicherweise nehmen aber genau diese Mitarbeiter Zeit und Nerven in Anspruch.

Damit Sie mich nicht falsch verstehen, sei hier ausdrücklich betont: Dieses Portfolio aus Leistung und Potenzial macht eine Menge Sinn. Ich würde auch dazu raten, eine solche Matrix gegen Ende Ihrer ersten 100 Tage (und später dann in turnusmäßigen Abständen) gedanklich durchzuspielen, um den Entwicklungsstand Ihres Teams in kompakter und strukturierter Form zu erfassen.

Eine Komponente bleibt in dieser Übersicht jedoch ausgeblendet, und deswegen möchte ich Ihnen gern eine zweite, alternative Variante vorstellen, die ich zur Bestandsaufnahme vor Ablauf Ihrer Probezeit parallel heranziehen würde. Ich nenne sie für unsere Zwecke salopp die »zwischenmenschliche« Variante, weil sie einen Einflussfaktor berücksichtigt, den man meiner Ansicht nach weder wegdeklinieren sollte noch kann. Gemeint ist die Chemie, dieses nicht zu unterdrückende stimmungsmäßige Etwas, das Ihnen souffliert, ob Sie mit einem anderen Menschen auf einer Welle schwimmen oder eben nicht. Worauf ich dabei hinaus will: Trauen Sie sich, die kopflastige Nüchternheit, die Ihr Job oft genug einklagt, für einen genügend langen Augenblick auszuknipsen, und konfrontieren Sie sich mit emotional geprägten Fragen: Bei wem sagt mir mein Gefühl, dass es passt? Wer zieht mit und wer schießt quer? Mit wem macht das Arbeiten Spaß und mit wem tue ich mich schwer? Die Liste wäre beliebig fortsetzbar, und eine jede dieser Fragen hat, sobald gefestigte Eindrücke aus der Zusammenarbeit der ersten, sagen wir, sechs bis acht Wochen vorliegen, ihre Berechtigung. Ein Mitarbeiterportfolio, das diesen Passungsaspekt einfängt, könnte dann dergestalt aufgebaut sein:

Mitarbeiterportfolio, die »zwischenmenschliche« Variante

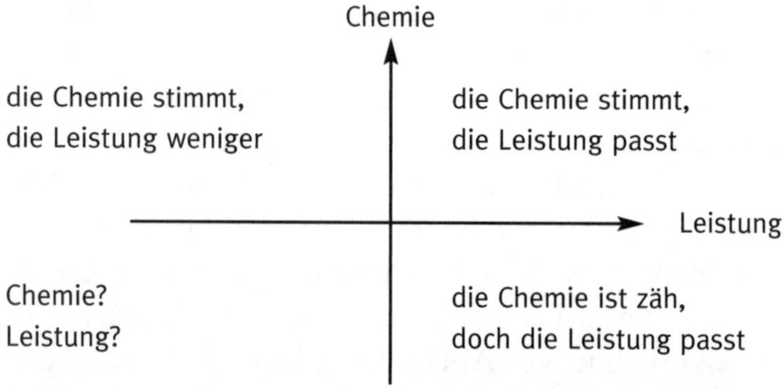

Gehen wir die vier Quadranten wieder durch:

Rechts oben können Sie einen Haken machen. Das sind die Mitarbeiter, auf die Sie bauen. Menschlich wie fachlich.

Rechts unten: Aufgrund der Asymmetrie zwischen Chemie und Leistung das aus Sicht einer Führungskraft wohl herausforderndste Feld. Richtig warm sind Sie mit diesen Mitarbeitern bislang nicht geworden, umgedreht mag das genauso gelten. Die Performance ist jedoch zweifelsfrei im grünen Bereich, und vielleicht sind sogar einige Ihrer absoluten Leistungsträger darunter. Die Ursachen mangelnder Chemie können vielfältiger Natur sein, aber was immer der Grund ist, wenn die Leistung passt, sollten Sie der Beziehung Zeit zum Reifen geben. Ihre Toleranz und Ihr Respekt vor der Andersartigkeit anderer Menschen, Ihre Geduld und sicher auch Ihre Fähigkeit, Spannungen auszuhalten, werden hier auf eine interessante Probe gestellt.

Links oben: Eine schwierige Kategorie. Die Sympathiewerte stimmen, man kommt gut miteinander aus, aber die Leistung lässt zu wünschen übrig. Genau davor dürfen Sie auf Dauer nicht die Augen verschließen. Sie können einen Vertrauensvorschub walten lassen, der über die Periode der 100 Tage hinausgeht, und Sie können sich als Unterstützer besonders engagieren – solange zu keiner Zeit Unklarheit darüber herrscht, dass die weitere Zusammenarbeit von einer erkennbaren Leistungssteigerung in naher Zukunft (meine Erfahrung: binnen eines halben bis dreiviertel Jahres nach Ihrer Amtsübernahme) abhängt. Ohne eindeutige Signale in dieser Hinsicht riskieren Sie, dass in Ihrem Team früher oder später der Eindruck entsteht, ein guter Draht zu Ihnen sei wichtiger als alles andere.

Links unten: Es passt an keiner Ecke. Man erträgt sich mehr schlecht als recht, und selbst ein um Wohlwollen bemühter Blick auf die bisher gezeigte Leistung lässt diese in keinem wärmeren Licht erscheinen. Die Trennung von diesen Mitarbeitern wäre für Sie die eindeutig beste Lösung, und wenn Sie erfahrene Führungskräfte fragen, werden die Ihnen in der Regel bestätigen: Ein früher, sauberer Schnitt stellt die konsequenteste Herangehensweise dar. Zugleich würde Ihnen aber konstatiert werden, dass dieser Schnitt in der Realität oftmals alles andere als leicht zu bewerkstelligen ist. Das fängt bei Ihrem Chef an, dem Sie womöglich keine Freude bereiten, wenn Sie nach drei Monaten bereits für personalpolitische Turbulenzen sorgen, indem Sie die ersten Mitarbeiter austauschen wollen. (Etwas anderes ist es natürlich, sollte die Order Ihres Chefs genau darin bestehen, »den Laden aufzuräumen«.) Und es endet damit, dass Sie sich ob Ihrer Scheidungsabsichten auf harte Auseinandersetzungen mit Betriebsräten und, im Fall weiterer Eskalation, auch auf Kämpfe vor dem Arbeitsgericht gefasst machen müssen. Fazit dieses Dilemmas: Im Ansatz ist es völlig richtig, Ihre 100 Tage für eine ungeschönte Urteilsfindung zu nutzen und sich ehrlich zu fragen, ob Sie Mitarbeiter im Team haben, bei denen Sie keine Grundlage für ein erfolgreiches Miteinander sehen. Bevor Sie aber die Auflösung des Verhältnisses forcieren, müssen Sie sich über alle Rückkopplungseffekte im Klaren sein (zum Beispiel Möglichkeit der Nachbesetzung), Ihre Chefetage frühzeitig auf die Problemfälle aufmerksam machen und sicherstellen, ob und zu welchem Zeitpunkt Sie die nötige Rückendeckung für eine Entscheidung dieser Tragweite erfahren.

Wer kann mit wem?

Ein Teil Ihrer Analysetätigkeit fehlt uns noch, nämlich der Wissensaufbau rund um die Konstellationen Ihrer Mitarbeiter zueinander. Was das Soziogramm Ihres Teams angeht, sind es drei Aspekte, die Sie sich in den Anfangswochen erschließen sollten: Welche Ihrer Mitarbeiter verstehen sich ausgesprochen gut (und unternehmen auch privat etwas zusammen)? Wer pflegt einen neutralen Umgang? Wer duldet einander in dem Wissen, dass man sich eigentlich nichts zu sagen hat? Fassen Sie das Spurensammeln hinsichtlich solcher Beziehungsfragen aber bitte nicht so auf, als müssten Sie Ihre Mitarbeiter vom Start weg gruppentherapeutisch durchleuchten. Ich würde zu einem eher pragmatischen und zweckoptimistischen Verständnis raten: Teams kriegen ihre Arbeit gebacken, auch wenn (oder gerade weil) sich nicht alle lieb haben. Dass Sie nichtsdestotrotz ein Auge auf das Beziehungsgefüge werfen, kann nicht verkehrt sein. Aus drei Gründen: Sie entwickeln ein Gespür für die Gefahr der Grüppchenbildung, was insbesondere für zahlenmäßig größere Teams von Bedeutung ist. Sie können leichter antizipieren, zwischen welchen Mitarbeitern informelle Kommunikationswege laufen. (Etwa: Mitarbeiter A schnappt eine »heiße Info« auf, die er Mitarbeiter B steckt, während Mitarbeiter C außen vor bleibt.) Und Sie können besser abschätzen, ob unter der Oberfläche ein Reservoir an Antipathien und Verwerfungen existiert, die sich bei gegebenem Anlass (zum Beispiel bei gemeinsamer Projektarbeit) entladen könnten.

Rechnen Sie bei all Ihren Bemühungen um Beobachtungen und Eindrücke damit, dass Sie es während der ersten 100 Tage wahrscheinlich nicht schaffen, in vollem Umfang hinter die Binnenverhältnisse Ihres Teams zu steigen. Ich vermute sogar, dass Ihnen Teile des Mosaiks auch später verschlossen bleiben. Selbst die Mitarbeiter, die Ihnen mit großer Offenheit begegnen, werden Ihnen nicht jedes Detail aufs Brot schmieren. Als Gradmesser für subtile Stimmungen, die sich Ihrem Auge entziehen, sind sie aber unverzichtbar. Oder wie es einer meiner Führungskollegen einmal formuliert hat: »Diejenigen, die mit dir können und wollen, werden dir nicht alles erzählen, aber sie werden dich auf vieles hinweisen, was du sonst nicht mitbekommen würdest.«

Fünfter Akt: Lasst es uns anpacken

Greifen wir noch einmal das Bild des Raumschiffs auf, dessen Kommando Sie übernommen haben. Vom Maschinenraum bis zum Oberdeck haben Sie dieses Schiff mittlerweile gründlich inspiziert. Sie haben jedem Mitglied Ihrer Crew tief in die Augen gesehen. Und Sie wissen um die Kräfte, die von außen rütteln werden. In Ihrem Logbuch steht, dass es nun an der Zeit ist, Ihre Mannschaft einzuweihen, wohin die Reise geht.

Nachdem die Phase der Einarbeitung in die zentralen Themen abgeschlossen ist, sind Sie jetzt also gefordert, die Marschroute zu präzisieren. Bieten Sie Ihren Mitarbeitern Orientierung, indem Sie zwei Punkte für alle transparent machen: die Spielregeln des Miteinanders und die Ziele, an deren Erreichen festgemacht wird, welchen Beitrag Ihr Team zum Erfolg des Unternehmens leistet.

Spielregeln des Miteinanders

Gemeint sind all die Rituale und Richtlinien, die die tägliche Interaktion prägen und sich in Summe zu einer Arbeits- und Kommunikationskultur Ihres Verantwortungsbereichs addieren. Welche Sitten und Gepflogenheiten von Bedeutung sind, hängt dabei natürlich eng mit den Besonderheiten Ihres Führungsjobs zusammen. Wichtige Spielregeln aus meinem Kontext wären zum Beispiel: Servicestandards (Bearbeitung eingehender Mails innerhalb von 24 Stunden, durchgängige telefonische Erreichbarkeit des Teams von 8 bis 18 Uhr), klare Absprachen in Vertretungsfragen (Wer übernimmt in Abwesenheit eines Teammitglieds dessen Aufgaben?) und Vorgaben für die Durchführung von Meetings (strukturierter Ablauf wöchentlicher Teamsitzungen, einheitliches Format für die Erstellung des Ergebnisprotokolls). Unabhängig davon, ob dieses Regelwerk vorwiegend mündlich weitergegeben oder als schriftlicher Kodex fixiert wird, ist entscheidend, dass Sie deutlich kommunizieren. Alles, was Ihnen wesentlich ist, sollten Sie explizit zum Thema machen. Das bezieht sich insbesondere auf sämtliche Veränderungen der Arbeits- und Kommunikationskultur, die Sie auf den Weg bringen wollen. Zugleich würde ich aber auch ausdrücklich ansprechen, was aus Ihrer Sicht »so gut läuft«, dass Sie es unverändert weiterführen möchten.

Ziele

Kein anderes Managementkonzept hat eine ähnlich erfolgreiche Karriere aufzuweisen wie das »Führen mit Zielen«. Gerade in großen Unternehmen ist es seit Jahren Usus, sämtliche Management- und Mitarbeiterebenen über ein Zielvereinbarungssystem zu steuern. Das nachfolgende Kapitel steht daher auch im Zeichen dieses Themas. Lassen Sie uns aber schon an dieser Stelle kurz über Ziele sprechen, denn mit dem nahen Ende Ihrer 100-Tage-Frist darf sich die Proklamation Ihrer Vorhaben nun endlich auf die Bühne drängeln: Vermitteln Sie Ihren Mitarbeitern, was die Erwartungen Ihres Chefs sind und welche Zielvereinbarungen Sie mit ihm getroffen haben. Sprechen Sie also darüber, woran »wir«, Ihr Team und Sie, gemessen werden. Und übersetzen Sie diese Teamziele sodann in individuelle Zielvereinbarungen mit jedem einzelnen Ihrer Mitarbeiter (wie gesagt: Ausführlicheres dazu in Kapitel 2).

In der Praxis präsentiert sich das Definieren von Zielen zumeist als eine komplexe Mischung aus Dingen, die sein müssen, Spielräumen in der Schwerpunktsetzung und weißen Flecken, die nicht beackert würden, wenn sie nicht durch Eigeninitiative erobert werden. Nicht zuletzt deshalb glaube ich, dass man als Führungskraft gut daran tut, Teamziele nicht *par ordre du mufti* anzusagen, sondern eine Form der Kommunikation zu wählen, die ein möglichst hohes Maß an Einverständnis und Identifikation hervorruft.

Am besten gelingen kann das nach meiner Erfahrung durch eine eigens dafür ins Leben gerufene **Veranstaltung mit Ihrem Team.** Ob Sie ein solches Format Workshop oder Strategietag taufen oder mit einer anderen Überschrift versehen, wird sich aus Ihrer konkreten Führungssituation ergeben. Worauf es ankommt, ist die Atmosphäre, der Forumscharakter. Im Personalmanagerdeutsch gibt es den schönen Satz: Machen Sie Betroffene zu Beteiligten. Ein, wie ich finde, passendes Axiom für den Prozess der Zieleinschwörung. Was sind die Muss-Themen, an denen kein Weg vorbeiführt? Wo tun sich Spielräume auf, die nur durch den Gestaltungswillen Ihrer Mitarbeiter gefüllt werden können? In welche neuen Bereiche könnte Ihr Team vorstoßen, und wer hätte Lust, sich für diese Pionierarbeit jenseits seiner bisherigen Aufgaben zu engagieren? Wenn Sie sich bei Ihrer Teamveranstaltung gemeinsam mit Ihren Leuten an Fragen wie diese heranrobben, wenn Sie darin investieren, »hier und heute« über die Ziele zu diskutieren und an der Agenda zu feilen, dann steigt die Wahrscheinlichkeit, Kohäsion auf sanfte und gleichzeitig verbindliche Art und Weise zu erzeugen. (Gleiches gilt im Übrigen für den zuvor beschriebenen Punkt, die Spielregeln des Miteinanders. Auch dieses Thema halte ich auf dem Team-Event für optimal aufgehoben und würde es dort zur gemeinsamen Verabschiedung bringen.)

Noch ein Wort zum stimmungs- und kreativitätsfördernden Rahmen Ihrer Teamveranstaltung: Denken Sie doch mal über einen Tapetenwechsel nach, also den sattsam bekannten Alltagsräumlichkeiten zu entfliehen und den Tag an einem anderen Ort, einer entspannteren »Location« zu verbringen. Arbeitsmethodische Hilfsmittel wie Flipcharts und Metaplanwände lassen sich, um nur zwei Beispiele zu nennen, auch auf die grüne Wiese verfrachten oder werden im Seminarraum eines netten Tagungshotels bereitgestellt. Der Ausbruch aus der gewohnten Umgebung ist zudem ein wunderbarer Aufhänger für einen gleitenden Übergang in einen halboffiziellen Part, den Teamabend. Nicht nur für den Fall, dass Sie bisher von einer Einstandsfeier abgesehen haben: Hier bietet sich eine gute Gelegenheit für eine kleine, aber feine Geste, sprich Ihre Mitarbeiter »jetzt, da man sich näher kennt«, auf einen Drink oder zum Essen einzuladen.

Exkurs: Besondere Führungssituationen

Die bis hier beschriebene Blaupause enthält fast alles, was ich Ihnen an Hinweisen für die ersten 100 Tage auf den Weg geben möchte. Drei Situationen habe ich aus dem Szenario ausgeklammert, weil ihnen spezielle Nuancen anhaften, die ich an dieser Stelle nun gesondert aufgreife. Diese besonderen Führungssituationen sind der Schritt vom Kollegen zum Vorgesetzten sowie das Führen geografisch entfernter und älterer Mitarbeiter.

Vom Kollegen zum Vorgesetzten

Eben noch »einer von uns« und jetzt der neue Chef – keine Frage, dieser Felgaufschwung ist ein besonderer Rollenwechsel. Ich habe ihn selbst erlebt und glaube, gut damit gefahren zu sein, dass ich eine für alle deutliche Geisteshaltung eingenommen habe: so zu bleiben, wie ich gestrickt bin. Über ein Persönlichkeitslifting hätten sich meine Kollegen schlapp gelacht. Beim »Aufstieg« in den eigenen Reihen darf man nach meinem Empfinden nie außer Acht lassen, dass die Kollegen einen ziemlich genau kennen, dass sie in Ihrem Auftreten lesen können wie in einem Buch. Rufen Sie sich diese Prämisse ins Gedächtnis. Sie ist der beste Selbstschutz gegen vermeintlich rollenkonforme Posen, die Ihr Profil zu einer Karikatur verzerren. *Ich bin jetzt Chef, von nun an muss ich härter rüberkommen:* Solch ein Habitus wäre ein typisches Beispiel für eine holzschnittartige Umpolung, über die sich Ihre Leute im besten Fall mokieren, was sie Ihnen dann auch hoffentlich ehrlich ins Gesicht sagen. (»Hey, Chef, machen Sie sich mal ein bisschen locker. Sie müssen uns nichts beweisen.«) Im schlimmsten Fall büßen Sie derart an Authentizität ein, dass Sie keiner mehr ernst nimmt.

Ich persönlich hatte das Glück, ein Team zu übernehmen, das mir den Karrieresprung ohne Vorbehalt gegönnt hat. Da tut man sich nicht schwer, um Unterstützung zu werben, den Teamgeist zu beschwören und daran zu erinnern, dass »wir die Ziele nur gemeinsam erreichen«. Ungleich schwieriger wird es natürlich, wenn Ihre Beförderung auf gemischte Gefühle stößt. Der eine mag grundsätzlich ein Problem damit haben, einen Kollegen vor die Nase gesetzt zu bekommen. Beim Nächsten schwingen Frust oder Missgunst mit, weil er selbst auf den Posten spekuliert hat. *Warum der? Warum nicht ich?* Wenn Sie spüren, dass diese Stimmung stumm im Raum steht, oder wenn sie gar ausgesprochen wird, müssen Sie schleunigst in die Offensive. Maßnahme eins: der öffentliche Solidarappell. Sprechen Sie vor versammelter Mannschaft an, dass Sie sich der besonderen Situation bewusst sind und Verständnis dafür aufbringen, dass mancher etwas länger braucht, um sich mit der neuen Konstellation zu arrangieren. Sagen Sie auch, dass Sie der Zusammenarbeit mit Grundvertrauen entgegensehen und auf die Loyalität aller hoffen. Maßnahme zwei: Das Vier-Augen-Gespräch mit eventuellen Querulanten und Enttäuschten. Um den heißen Brei braucht man hier nicht lange herumzureden. Betonen Sie noch einmal, dass Sie sich eine gemeinsame Zukunft gut vorstellen können. Haben Sie es mit einem Leistungsträger zu tun, den Sie halten wollen, so ist es möglicherweise smart, ein Zuckerbrot auszupacken, indem Sie Funktion und Aufgabenspektrum Ihres Mitarbeiters »typgerecht« aufwerten. Machen Sie aber keinen Hehl daraus, dass Sie derjenige sind, der auch die Peitsche in der Hand hält: Als Führungskraft können Sie kein Opponieren dulden. In der Praxis läuft es zum Glück häufig darauf hinaus, dass sich die Spannung früher oder später von selbst auflöst. Ein Mitarbeiter, der sich in seinem tiefsten Innern nicht damit anfreunden kann, einen Ex-Kollegen zum Chef zu haben, oder seiner verpassten Chance nachtrauert, wird die Situation nur noch so lange aussitzen, wie er braucht, um einen anderen Job zu finden; innerhalb des Unternehmens oder extern.

Führen auf Distanz

Medial betrachtet ist unsere Welt zu einem Dorf geschrumpft. Dennoch würde keine Führungskraft den Schluss ziehen, dass es in Zeiten totaler Vernetzung leicht fällt, für Mitarbeiter verantwortlich zu sein, von denen man räumlich getrennt arbeitet. Ich zumindest kenne keine. Ohne physische Präsenz funktioniert Führen nicht oder allenfalls eingeschränkt – so die unisono vorgetragene Meinung der von mir für dieses Buch befragten Chefs, die Erfahrung mit »virtuellen Teams« haben. Obgleich rege E-Mail-Frequenz den Informationsfluss up to date hält und Bildschirmkonferenzen dazu beitragen, eine gewisse interaktive Nähe aufzubauen, empfindet niemand diese Situation als zufriedenstellend. Es scheint, als werde das Führen auf Distanz nur unter mindestens einer der nachfolgend aufgeführten Rahmenbedingungen akzeptabel.

Erstens: Wenn Ihre »Außendienstler« sehr eigenständig operieren, weil Sie sich menschlich wie fachlich voll auf sie verlassen können.

Zweitens: Wenn die Aufgabenerfüllung Ihrer Dependancen hauptsächlich auf festen, im Prinzip eins zu eins umsetzbaren Vorgaben beruht.

Drittens: Wenn Sie mit Ihren Mitarbeitern Kommunikationsregeln zur gegenseitigen Kontaktaufnahme und Information abgesprochen haben (zum Beispiel: »In welchen Fällen müssen wir zwingend telefonieren?«) und beide Partner die Disziplin aufbringen, sich an die Vereinbarungen zu halten.

Viertens, was insbesondere für das Führen ganzer »Satellitenteams« von Relevanz ist: Wenn Sie vor Ort einen Ihrer Mitarbeiter zum *Primus inter pares* machen, indem Sie ihn zum Koordinator berufen und ihm in Stellvertreterfunktion Kompetenzen und Entscheidungsbefugnisse übertragen.

Und *fünftens:* Wenn Sie trotz geografischer Entfernung in definierten Abständen zu Besuch sind, um Besprechungen zu moderieren und wichtige Entscheidungen zu erläutern beziehungsweise herbeizuführen.

Jungspund unter alten Hasen

Ober sticht Unter. Mitarbeiter, die signifikant älter sind als Sie, müssen von der ersten Sekunde an wissen, wo der Hammer hängt. Auf den Gedanken, man könne Sie zurechtbiegen, wie es einem gefällt, darf keiner erst kommen. Flößen Sie langgedienten Mitarbeitern daher stante pede den nötigen Respekt ein. Schließlich sind Sie jung, dynamisch, erfolgreich, und deshalb hat man auch Sie, den *High Potential*, zum Vorgesetzten gemacht und keinen von den Alten …

Vorsicht, Ironie! Wenn Sie es sich mit älteren Mitarbeitern gleich gründlich verscherzen wollen, brauchen Sie natürlich nur dieser Kurzanleitung für schnöselige Junior-Chefs zu folgen. *Hoppla, jetzt komme ich* – das ist genau der Anfängerstil, den alte Hasen gefressen haben. Törichterweise wird er aber häufiger gepflegt, als man gemeinhin glauben möchte. Akademiker, die ein Team übernehmen, das ältere, nicht universitär gebildete Mitarbeiter in seinen Reihen hat, fallen zum Beispiel immer wieder in dieses Raster.

Newcomer, die sich intelligent verhalten, agieren anders. Konsequent werden sie die Expertise der älteren (und damit erfahreneren!) Mitarbeiter nachfragen. »Man muss sie einbeziehen und ihnen das Gefühl der Mitsprache geben«, hat einer meiner Interviewpartner dazu gesagt, 27 Jahre jung und als Führungskraft für mehrere Mitarbeiter zuständig, die gut 15 Jahre älter sind als er. Zollen Sie also der Seniorität dadurch Respekt, dass Sie die Erfahrungsträger insbesondere bei strittigen, komplexen Themen um ihr Wissen und ihre Meinung bitten. Das Führen älterer Mitarbeiter hat etwas von einem Generationenpakt, der geschlossen wird, indem man sich voreinander verbeugt: Sie tun Ihrer Konsultationspflicht Genüge und bezeugen damit Ihre Achtung. Im Gegenzug erkennen die Älteren an, dass es die Jugend ist, die den Kurs in Richtung Zukunft verantwortet.

Nachspiel: Zehn Tipps im Schnelldurchlauf

Bevor sich der Vorhang über dieses Kapitel neigt, möchte ich Sie noch auf ein paar Punkte aufmerksam machen, die ich sozusagen unter meinem persönlichen Favoritenordner gespeichert habe. Die Auswahl ist das Destillat einer Abfrage unter Führungskollegen aus meinem Unternehmensbereich. In der gemeinsamen Rückschau auf unsere ersten 100 Tage haben wir uns gefragt, welche zusätzlichen Tipps wir – spontan und völlig subjektiv – in ein Starter-Kit für Nachwuchs-Chefs hineinpacken würden. Herausgekommen ist eine ungewichtete Liste, wenn Sie so wollen unsere Top Ten »gesammelter Weisheiten«.

1. Bei aller Nervosität und Anspannung angesichts dessen, was da kommen mag: Freuen Sie sich auf das Abenteuer Führung, gehen Sie mit Entdeckerlaune und Aufbruchstimmung an den Start! Vergegenwärtigen Sie sich vor dem ersten Treffen mit Ihrem Team ruhig noch einmal, dass Sie sich in einer privilegierten Situation befinden. Während genügend andere beruflich auf der Stelle treten, sind Sie dabei, einen Riesenschritt zu machen.
2. Reden Sie niemals schlecht über Ihren Vorgänger. Seitenhiebe auf die »Zustände« der Vergangenheit, garniert mit ironischen Kommentaren, sind keine Kunst, sondern unprofessionell und stillos.
3. Wenn einer Ihrer Mitarbeiter nicht weiterweiß und daher auf Ihre Entscheidung drängt (»Chef, was sollen wir Ihrer Meinung nach jetzt tun?«), Sie aber keine schnelle Antwort auf seine Frage haben, dann lavieren Sie nicht herum. Verlieren Sie sich nicht in vagen Auskünften, argumentieren Sie nicht aus der Position des Viertel- oder Halbwissens. Dass Sie, der Neuling, zum kompetenten Entscheider taugen, beweisen Sie, indem Sie sich schlau machen und mit einer soliden Ansage zurückkehren.
4. Geben Sie Ihren Leistungsträgern ein Gefühl der Sicherheit und Kontinuität. Vermitteln Sie ihnen in einem

persönlichen Gespräch, dass Sie mit ihnen planen und auf ihr Engagement zählen. Sagen Sie es in einem Stil, der zu Ihnen passt, aber sagen Sie es.

5. Ihre Mitarbeiter gut zu kennen erfordert mehr, als nur über ihre Stärken und Schwächen Bescheid zu wissen. Interessieren Sie sich auch für die privaten Lebensumstände, fragen Sie nach, wenn Sie den Eindruck gewinnen, dass Anteilnahme angebracht ist. Für den »Gefühlshaushalt« seiner Mitarbeiter sensibel zu sein ist keine Einmischung ins Privatleben, sondern Teil eines besseren Verständnisses.
6. Liebhaber, Schurke, trauriger Held: Es gibt Schauspieler, die ihr ganzes Leben lang ein und dieselbe Figur verkörpern. Achten Sie darauf, ob es in Ihrem Team ähnlich läuft, Sie es also mit Mitarbeitern zu tun haben, die eine ganz bestimmte Rolle einnehmen. Die vier auffälligsten Parts, mit denen Sie sich möglicherweise beschäftigen müssen, sind: der **Außenseiter** (er meidet das Team und/oder das Team lehnt ihn ab), der **Meinungsbildner** (inoffizieller Führer, sein Urteil findet Gehör und beeinflusst die Gruppe), der **Tröster der Enttäuschten** (bei ihm weint man sich aus, wenn man sich von seinem Chef schlecht behandelt fühlt), die **Tratschzentrale** (hier laufen die neuesten Gerüchte auf, von hier aus werden sie in die Welt getragen).
7. Benutzen Sie Ihren umfangreichen Terminkalender nicht als Entschuldigung dafür, sich bei Ihren Mitarbeitern immer seltener blicken zu lassen. Behalten Sie das Momentum aus den Kennenlernwochen bei, besuchen Sie Ihr Team auch weiter »on the job«. Passen Sie dabei auf, nicht zum Getriebenen der Kommen-wir-zur-Sache-Haltung zu mutieren. Allzu schnell

schleift sich ein, dass man bei seinen Leuten nur noch mit einem klar eingegrenzten Ansinnen vorbeischaut (zum Beispiel um Aufträge zu delegieren) und völlig vergisst, sich Zeit zum Verweilen und Abdriften zu nehmen. Was schade ist, denn Ihnen entgeht einiges an Zwischentönen und Anregungen, sollten Sie den Chat mit Ihren Mitarbeitern irgendwann nur noch in Effizienzeinheiten messen.

8. Ihre ersten 100 Tage sind ein Spagat. Einerseits gilt es, Ihren inneren Kompass auf die Losung einzunorden, dass Fragen und Verstehen vor Urteilen und Entscheiden geht. Andererseits dürfen Sie es sich nicht einmal ansatzweise in der Komfortzone des geduldigen, verständnisvollen Zuhörers bequem machen. Sie müssen Ihren Mitarbeitern wie auch Ihrem Chef Indizien dafür liefern, dass Sie etwas draufhaben. Selbst wenn es böse Zungen Aktionismus nennen mögen: Fakt bleibt, dass die Notwendigkeit der raschen Profilierung Ihr Karma als Führungskraft ist.
9. Duftmarken Ihres Könnens setzen Sie durch das, was man im Managerdeutsch gern als *early wins* bezeichnet. Fragen Sie sich: Mit welchen Themen können mein Team und ich schnelle Erfolge erzielen? Schauen Sie sich dafür nach den Früchten um, die etwas tiefer hängen. Die sind leichter zu pflücken. Im Klartext: Definieren Sie Themen, die a) verhältnismäßig unkompliziert, da ohne viel Aufwand und Vorarbeit umsetzbar sind, b) sich in erkennbare Tranchen splitten lassen, sodass man bereits das Erreichen eines Etappenziels als Erfolg werten kann, c) neu und damit historisch unbelastet sind und bei denen Sie d) Ihre persönlichen Stärken ausspielen können.

10. Feiern Sie wichtige Punktgewinne, feiern Sie das Wir-Gefühl. Wenn einzelne Mitarbeiter oder Ihr Team als Ganzes Erfolge verzeichnen, so sorgen Sie dafür, dass diese Momente ins Bewusstsein rücken. Gehen Sie nicht einfach zur Tagesordnung über, sondern bemühen Sie sich um eine angemessene Form des Zelebrierens. Von der Ich-gratuliere-Mail, die »cc« an alle geht, über das gemeinsame Sektflaschenköpfen bis hin zur geschickten Vermarktung gegenüber Nachbarabteilungen und Chefetage.

2. Die Kunst der produktiven Partnerschaft: Führen mit Zielen

Was das Thema dieses Buches angeht, ist die Zeit reif für die »Mutter aller Fragen«: Wofür sind Führungskräfte eigentlich da, wofür werden sie bezahlt? Der Charme dieser Frage besteht darin, dass es für eine prägnante Antwort keiner überdimensionierten Herleitung bedarf. Der finale Bestimmungsgrund von Führung lässt sich ebenso knapp wie bündig formulieren. **Als Führungskraft müssen Sie dafür sorgen, dass Ihre Mitarbeiter Leistung bringen. Holen Sie das Beste aus ihnen heraus.** Damit Ihr Unternehmen das erreicht, worauf es aus ist – nämlich mit seinem Geschäftsmodell gutes Geld zu verdienen.

Diese Begründung sollte nicht weiter überraschen. Der Ruf nach Leistung fällt nicht vom Himmel, sondern entspringt nachgerade dem Daseinszweck jedes Unternehmens. Und Führungskräfte sind am Ende des Tages für nichts anderes da, als ihren Beitrag zu diesem Daseinszweck zu leisten, indem sie ihren Verantwortungsbereich auf Leistungskurs trimmen.

So einfach ist das? Ja, so einfach wäre das. Wenn nicht noch zu klären bliebe, welcher Schlüssel die Tür zur Leistung Ihrer Mitarbeiter öffnet. Sie sollen das Maximale, das Bestmögliche aus Ihren Leuten herausholen; fragt sich nur, wie Sie das anstellen sollen beziehungsweise welche Bedingungen erfüllt sein müssen, damit Sie diesem Anspruch gerecht werden. Dieses Kapitel soll den ersten Teil einer leistungsstimulierenden Formel liefern. Im Zentrum steht die Aussage: Wollen Sie Top-Leistungen, dann stricken Sie die Zusammenarbeit so, dass sie den Titel Partnerschaft verdient. Treffen Sie Vereinbarungen, einigen Sie sich auf Ziele.

Top down & bottom up: Der Zielvereinbarungsprozess

Womit wir sogleich beim prominentesten Begriff der folgenden Seiten angelangt sind. Denn das Wort Ziele ist keines, das man in einem Buch über den ersten Führungsjob en passant erwähnen könnte. Als Terminus technicus ist es dafür viel zu wichtig. Schließlich hat das »Führen mit Zielen«, wie schon im vorherigen Kapitel angedeutet, den Status eines Klassikers unter den Managementkonzepten. Zielvereinbarungssysteme gehören heutzutage zum Standardrepertoire. Es existieren variantenreiche Umsetzungen, die sich in den Grundzügen aber gleichen: Immer geht es darum, dass die verschiedenen Mitarbeitergruppen eines Unternehmens, vom Bereichsleiter bis zum Tarifangestellten, am Erreichen festgelegter Ziele gemessen werden.

Aus der Meta-Perspektive der Geschäftsleitung betrachtet, übernehmen Zielvereinbarungssysteme die Funktion eines dynamischen Planungskonzepts, das sämtliche Führungsebenen einschließt. Die Betriebsleistung des Unternehmens wird gesteuert, indem jedes Ziel aus den strategischen Zielen des Unternehmens hergeleitet und *top down* für die jeweiligen Hierarchiestufen (zum Beispiel Geschäftsbereiche > Teams > Mitarbeiter) heruntergebrochen wird. Regelmäßige Kommunikationsschleifen zwischen den Führungsebenen sollen dabei die notwendige Flexibilität sichern, um die Unternehmensziele an Marktveränderungen anzupassen.

Liefe die Zieldefinition einzig kaskadenhaft von oben nach unten, müsste man allerdings wohl eher von einem Zielverordnungssystem sprechen. Tatsächlich kann erst dann von einem Zielvereinbarungssystem die Rede sein, wenn umgekehrt (*bottom up*) der jeweils »Betroffene« die Möglichkeit hat, sich gegenüber der nächsthöheren Hierarchiestufe zu äußern und seine Einschätzung des Machbaren sowie seine Ideen vorzutragen. Zielgespräche, die institutionalisiert sind, deren formaler Ablauf also im gesamten Unternehmen verankert ist, dienen hierfür in der Regel als Plattform.

So weit der kurze Ausflug in den theoretischen Überbau des Führens mit Zielen. Schauen wir jetzt auf das, was dieses Konzept (das im Übrigen auch unter der englischen Bezeichnung »Management by objectives« bekannt geworden ist) aus Ihrer Sicht an Arbeitsschritten bereithält. Und das wiederum heißt: Widmen wir uns als Erstes dem Zielvereinbarungsgespräch mit Ihrem Chef, denn damit beginnt für Sie der Prozess der Zielabsprache.

Schritt eins: Die Zielvereinbarung mit Ihrem Chef

Dieses Gespräch könnte man im Prinzip nach fünf Minuten per Handschlag beenden, vorausgesetzt, es träte folgender Fall ein: Die Erwartungen Ihres Chefs decken sich zu 100 Prozent mit dem, was Sie sich vorgenommen haben. Klingt gut, ist aber nicht unbedingt an der Tagesordnung. Näher dran an der Realität sind andere Szenarien.

Variante eins: Ihr Chef artikuliert eindeutige Erwartungen und erklärt Ihnen, aus welchen Gründen er welche Ziele für angebracht hält. Gemeinsam legen Sie die Kriterien für die Zielerreichung fest.

Variante zwei: Ihr Chef äußert Erwartungen, die Sie für nicht erreichbar halten. Sie sagen das auch, müssen aber am Ende des Gesprächs die Zielvorgaben im Großen und Ganzen schlucken, weil Sie nun mal in der schwächeren Position sind.

Variante drei: Ihr Chef hat klare Vorstellungen, Sie haben klare Vorstellungen. Das Gespräch wird genutzt, um sich systematisch auszutauschen. In Gemeinschaftsproduktion entsteht eine Vereinbarung, die von beiden Seiten als tragfähig akzeptiert wird.

Bei der ersten Variante werden Erwartungen des Managements deutlich *top down* weitergereicht. Ihr Verhandlungsspielraum als »letztes Glied« in der Führungskräftehierarchie ist dementsprechend eingeschränkt. Zu gemeinsam erarbeiteten Absprachen kommt es insofern, als die Erfolgskriterien für die Anforderungen (»Woran können wir zum Zeitpunkt X sehen, ob die Ziele erreicht wurden?«) während des Gesprächs entwickelt und verabschiedet werden. Im Sinne einer Zielvereinbarungskultur ist dieser Ansatz mit Sicherheit nicht das Optimum – gleichwohl spiegelt er wider, wie das Führen mit Zielen in vielen Unternehmen operationalisiert wird (Stichwort »Zahlendiktat« oder »Verkaufsdruck«).

Variante zwei ist diejenige, die man nicht schönreden kann. Sie ist die denkbar schlechteste. Am besten, es gelingt Ihnen, diesen Fall zu vermeiden. Wenn nicht, bleibt Ihnen nur eine Möglichkeit: Ihrem Chef am Ende des Zielvereinbarungsgesprächs zumindest abzuringen, dass man sich zu einem möglichst frühen Zeitpunkt wieder zusammensetzt, um die Vorgaben nochmals nüchtern auf den Prüfstand zu stellen und gegebenenfalls neu zu verhandeln (zum Beispiel Abstriche an den ursprünglichen Zielen vornehmen, Einleiten von Unterstützungsmaßnahmen, Bereitstellung zusätzlicher Ressourcen).

Variante drei ist der Königsweg, gelebte Zielvereinbarung. Ihr Chef übersetzt die Unternehmensziele auf seinen Bereich und weiß daraus einen Zielkorridor für Sie und Ihr Team abzuleiten. Zugleich wird er Sie fragen, welche Ziele Sie sich setzen wollen. Auf dieses Zurückspielen des Balles müssen Sie gefasst sein. Oder besser gesagt: Ihr Chef darf erwarten, dass Sie sich für das Zielgespräch geflissentlich präparieren und Ihrerseits Impulse einbringen. Fünf Punkte stehen demzufolge in Ihrem Pflichtenheft:

- Sie haben alle Begründungen parat, mit deren Hilfe Sie untermauern können, warum Sie dieses oder jenes Ziel auf Ihre Agenda hieven möchten.
- Sie haben ein Prioritäten-Ranking Ihrer Zielvorschläge erstellt.
- Sie haben sich bereits Gedanken darüber gemacht, wie Sie vorgehen wollen, um jedes Ihrer Ziele zu erreichen.
- Sie wissen, an welchen Punkten Sie die Unterstützung Ihres Chefs in Anspruch nehmen wollen.
- Sie haben Argumente gesammelt, um Paroli bieten zu

können, falls Ihr Chef im Verlauf des Gesprächs Erwartungen ausspricht, die aus Ihrer Sicht zu hoch gegriffen sind.

Ein Zielvereinbarungsgespräch, das auf derlei Voraussetzungen gründet, bietet die größte Gewähr für eine Einigung im Einvernehmen. Was idealerweise am Ende eines solchen Abgleichs herausspringt, ist ein beiderseitiges Abnicken einer Mischung aus Forderungen (»Was muss, das muss«) und Optionen, die eher von Ihrem Gestaltungswillen als von Vorgaben angestoßen sind. Das alles gelingt umso mehr, je genauer Sie die Erwartungen Ihres Chefs im Vorfeld sondiert haben (Sie erinnern sich: das Abtastgespräch zum Auftakt Ihres 100-Tage-Programms) und je besser Sie sich in der Hemisphäre zurechtfinden, für die Sie verantwortlich sind. Bei Ihrem ersten Führungsjob sollte das Zielvereinbarungsgespräch mit Ihrem Chef daher auch erst nach etwa sechs bis acht Wochen stattfinden.

Schritt zwei: Die Teamvereinbarung

Ihre Ziele sind die Ziele Ihres Teams. Sobald Sie also mit Ihrem Chef festgezurrt haben, woran Sie und Ihre Mitarbeiter als »Arbeitsgemeinschaft« gemessen werden, sollten Sie zeitnah darangehen, Ihren Mitarbeitern diese symbiotische Beziehung nahe zu bringen. Blättern wir gedanklich noch einmal zurück in das 100-Tage-Kapitel: Hier hatte ich bereits eine eigens für die Kommunikation und Diskussion der Teamziele anberaumte Veranstaltung als Vorschlag platziert. Ich wiederhole mich an dieser

Stelle gern. Ein Termin, der vorzugsweise der Vermittlung der Teamziele vorbehalten ist, kann in mehrfacher Hinsicht als wirkungsvoller Transmitter dienen. Er garantiert die rasche und synchrone Information aller Teammitglieder. Er sorgt für ein transparentes Bild der an das Team herangetragenen Erwartungen. Er erhöht die Chance auf Identifikation und ist ein deutliches Signal dafür, dass eine Führungskraft es mit der Einbindung ihrer Mitarbeiter ernst meint. Nicht nur für die allererste Zieleinschwörung mit Ihrem Team, sondern als ein jedes Jahr wiederkehrendes Ritual kann ich das Teamziel-Meeting wärmstens empfehlen. Und zwar stets mit diesen Elementen:

- Ist-Aufnahme der Situation Ihres Bereichs inklusive einer Rückschau auf das abgelaufene Jahr: Was waren die Highlights unserer Arbeit? Was lief schlecht, und warum war das so?
- Ein persönlicher Blick in die nahe Zukunft: Was ist Ihr Motto für das kommende Jahr? Welche »Strategie« verfolgen Sie? Wo möchten Sie am Ende des Jahres mit Ihrem Team stehen?
- Erläuterung und Konkretisierung der mit Ihrem Chef vereinbarten Ziele.
- Diskussion der Ziele aus Sicht Ihrer Mitarbeiter: Ergänzungen, Machbarkeitseinschätzung etc.
- Gemeinsames Erarbeiten von Teilzielen, die sich aus den Teamzielen ergeben. (Gegebenenfalls »Nominierung« von Freiwilligen für Ziele, die aus neu zu besetzenden Themen resultieren.)

Schritt 3: Die Zielvereinbarung mit jedem Ihrer Mitarbeiter

Auf Basis der Teamziele können Sie nun in die bilateralen Gespräche einsteigen. Das Bündel wird aufgeschnürt und sein Inhalt auf unterschiedliche Päckchen verteilt. Nehmen Sie dabei alle in die Pflicht, sich am Aufdröseln zu beteiligen. Das heißt: Am Ende des Team-Meetings sollten Sie Ihren Mitarbeitern den Auftrag mit auf den Weg geben, das Zielvereinbarungsgespräch mit Ihnen vorzubereiten. Jeder Einzelne ist aufgefordert, sich konkret zurechtzulegen, welche individuellen Ziele er für sich aus dem »Rahmenvertrag« herausfiltert. Parallel dazu machen auch Sie sich daran, entsprechende Ziele vorzuformulieren. Im Zielvereinbarungsgespräch gilt es dann, diese beiden Pläne zu einer verbindlichen Übereinkunft zu verdichten. Wie sich ein solches Agreement fixieren lässt, dazu gleich mehr. Zunächst möchte ich aber noch dem bis dato abstrakt verwendeten Begriff Ziele das nötige Leben einhauchen.

Smart oder: So sehen sinnvolle Mitarbeiterziele aus

Beschäftigen wir uns also damit, wie Sie mit Ihren Mitarbeitern Ziele vereinbaren, die Sinn machen, die als nachvollziehbar wahrgenommen werden. Die so genannten *smart*-Kriterien eignen sich hierfür besonders gut. Das sind fünf einprägsame Attribute, die Sie als Orientierungspunkte heranziehen können, um die Ziele Ihrer Mitarbeiter in eine passende Form zu gießen. Mit dem Label *smart* dürfen sich Ziele schmücken, sobald sie folgendermaßen beschaffen sind:

- spezifisch
- messbar
- anspruchsvoll
- realistisch
- terminiert

Spezifisch. *Denken Sie sich ein neues Trainingskonzept für unsere Vertriebskollegen aus. Erhöhen Sie die Qualität unserer Service-Hotline.* Dergestalt vorgetragen, schweben Ziele im luftleeren Raum. Ziele brauchen aber Erdung. Sie sollen nicht schwammig, sondern konkret und ergebnisbezogen sein und einen anvisierten Zustand möglichst genau beschreiben. Im erstgenannten Fall könnte das dann so lauten: *Konzipieren Sie eine Verkaufsschulung, die unternehmensweit nach einheitlichen Standards durchgeführt wird.* Und beim zweiten Beispiel: *Sie haben einen prima Job gemacht, wenn es Ihnen gelingt, die durchschnittliche Wartezeit für unsere Kunden, die auf der Service-Hotline anrufen, um 45 Sekunden zu senken.*

Messbar – oder auch: überprüfbar beziehungsweise kontrollierbar. Bei quantifizierbaren Zielen liegt es in der Natur der Sache, Größen- und Mengenangaben einzuspannen. Vertriebsprofis empfehlen, dies so direkt wie möglich zu tun, sprich Ziele stets in absoluten Zahlen zu formulieren. Zum Beispiel so: *Wie wir ja auf dem Meeting letzte Woche besprochen haben, steht die Kundenakquise* *in diesem Jahr für uns über allem. Ihren Beitrag zu diesem wichtigsten Teamziel sehe ich bei 50 neuen Kunden.* Aber auch bei qualitativen Zielen (also solchen, die nicht in Zahlen zu fassen sind) muss im Zielvereinbarungsgespräch die Frage geklärt werden: Woran können wir erkennen, ob das Ziel erreicht worden ist? Bemühen Sie sich hier ebenfalls darum, ein markantes Erfolgskriterium herauszuarbeiten. Zum Beispiel so: *Wir können von einem Erfolg sprechen, sobald Sie den neuen Internetauftritt komplett durchgetestet haben und die Kommunikationsabteilung die Seiten freigeschaltet hat.*

Anspruchsvoll. Ein ganz zentraler Punkt. Denn an dieser Stelle schlägt der Leistungsgedanke zu. Ziele sind dafür da, zu Leistung anzuspornen, sie sollen Ihren Mitarbeitern einen besonderen Einsatz abverlangen. Inwieweit Ziele diese Funktion des Vehikels für Top-Leistungen erfüllen, hängt dabei unmittelbar von Ihnen als Führungskraft ab – Sie sind gefordert, als Wegbereiter zu agieren. Das bedeutet *erstens*: Ziele sind insbesondere dann anspruchsvoll, sobald sie die individuellen Fähigkeiten des Mitarbeiters herauskitzeln. Das Beste, was jeder Ihrer Mitarbeiter zu geben imstande ist, wird freigesetzt, wenn es Ihnen gelingt, die Ziele optimal mit den Begabungen des Mitarbeiters in Einklang zu bringen. Und *zweitens*: Einigen Sie sich mit Ihren Mitarbeitern auf ambitionierte Ziele – und überlassen Sie ihnen, wie sie dorthin gelangen. Innerhalb gemeinsam definierter Rahmenbedingungen steht es also Ihren Mitarbeitern frei, welche »Problemlösungsmethode« sie anwenden, um die Ziele zu erreichen. Sie setzen auf diese Weise den Eigenantrieb Ihrer Mitarbeiter unter Strom und fordern dazu auf, dass ein jeder seine Begabungen in die Waagschale wirft. Ihre Führung ist unter diesen Voraussetzungen im Prinzip nur noch gefragt, wenn Sie merken und/oder Ihr Mitarbeiter feststellt, dass er aus der Zielspur gerät beziehungsweise auf Schwierigkeiten stößt. Wie so oft ist auch in diesem Kontext stete Kommunikation der beste Garant für Prozessbegleitung und Risikominimierung.

Realistisch. Vereinbaren Sie Ziele im Bewusstsein, dass Ihre Mitarbeiter diese Ziele aus eigener Kraft, einschließlich Ihrer Unterstützung, tatsächlich erreichen können. Eine Chance auf Erfolg muss drin sein, andernfalls wäre eine Zielabsprache das Gegenteil von sinnvoll. Sie gewinnen nichts, sollte einer Ihrer Leute aus dem Gespräch mit Ihnen das Gefühl mitnehmen, an ihm werde der Mythos von Sisyphos durchexerziert. Wo der Grat zwischen zumutbarer Herausforderung und »Mission impossible« liegt, ist in der Praxis natürlich nicht immer leicht auszutarieren – aber genau diese Aufgabe liegt nun mal in der Verantwortung einer Führungskraft.

Terminiert. Ziele funktionieren nicht ohne Deadline. Damit man sie als erreicht einstufen kann, muss man sie irgendwann als abgeschlossen betrachten können. Statten Sie Ziele daher immer mit einem Zeitmaß aus. Angaben im Stile von »so schnell wie möglich« und »höchste Priorität« sind dafür nicht qualifiziert. Es muss schon genauer sein. Zum Beispiel so: *Pilotierung der neuen Verkaufsschulung mit Beginn des vierten Quartals.* Oder: *Senkung der Kundenreklamationen um fünf Prozent bis zum 30. Juni.*

Das Ziel(vereinbarungs)gespräch im Detail

Das Zielvereinbarungsgespräch ist das Medium der Kommunikation beim Führen mit Zielen. Dieser Bedeutung wird in vielen Unternehmen dadurch Rechnung getragen, dass man es formalisiert: Es gibt einen Musterbogen, den Führungskraft und Mitarbeiter im Gespräch ausfüllen, beide als Zeichen des Einverständnisses unterschreiben und der im Anschluss in der Personalakte abgelegt wird. Für den Fall, dass Sie ein solch standardisiertes Verfahren aus Ihrem Unternehmen nicht kennen, sei gesagt: Wenn Sie als Führungskraft mit Zielvereinbarungen operieren, ist es generell ratsam, diese schriftlich niederzulegen. Existiert kein vorgeschriebenes Formular, so fertigen Sie am besten Ihr eigenes Zielvereinbarungsprotokoll an.

Das Hauptaugenmerk von Zielvereinbarungen liegt in der Regel auf den aufgabenbezogenen (vornehmlich operativen) Zielen, die der Mitarbeiter in einem bestimmten Zeitraum (meist innerhalb eines Jahres) erreichen soll. Wichtig ist mir an dieser Stelle der Hinweis, dass Sie den Begriff Ziele durchaus weiter fassen können. Nichts hindert Sie daran, neben den aufgabenbezogenen Zielen auch solche zu vereinbaren, die sich auf das (Leistungs-) Verhalten beziehen. Zweckdienlich ist das Ganze vor allem dann, wenn Sie bestimmte Kompetenzen eines Mitarbeiters für ausbaufähig halten und der Überzeugung sind, dass er mit einer Extraportion Anstrengung imstande ist, sich auf diesem »Lernfeld« zu steigern. Typische Beispiele wären die Erweiterung/Vertiefung aufgabenspezifischen Fachwissens oder die Verbesserung der persönlichen Arbeitsmethodik. Darüber hinaus können Sie in die Zielvereinbarung auch Führungsziele aufnehmen. Das sind Ziele, bei denen Sie Ihren Mitarbeitern Aufgaben übertragen, die Elemente der Mitarbeiterführung enthalten. Wenn Sie beispielsweise einen Ihrer Mitarbeiter in die Verantwortung für die Einarbeitung eines neuen Kollegen nehmen oder zum Leiter eines Projekts berufen, bei dem mehrere Personen für die Dauer dieses zeitlich befristeten Auftrags an Ihren Mitarbeiter »berichten«, so können Sie solche Ziele als Führungsziele deklarieren.

Inhaltlich gesehen ist der Fokus von Zielvereinbarungsgesprächen natürlich die Konsensfindung, der Positionsabgleich, der schlussendlich in die Einigung auf möglichst *smart* definierte Ziele münden soll. Eine Zahl von maximal fünf aufgabenbezogenen Zielen bietet sich als praktikable Richtmarke an. Bedenken Sie dabei, dass nicht jede Tätigkeit aus dem Aufgabensortiment Ihres Mitarbeiters automatisch als Zielvereinbarung abgebildet werden muss. Konzentrieren Sie sich auf eine Auswahl erfolgsrelevanter Ziele, die Sie zudem noch untereinander nach ihrer Wertigkeit gewichten können. Im Verlauf des Gesprächs sollten Sie aber nicht nur die Ziele klären, sondern auch konkretisieren, worin Ihre Unterstützung als Führungskraft besteht. Zeichnet sich also während des Gesprächs ab, dass beide Verhandlungspartner Hilfsmaßnahmen als »zielführend« erachten, dann gehören diese ebenso dokumentiert. Wie eine solche Übereinkunft aus Zielvereinbarung und flankierender Unterstützung festgehalten werden kann, habe ich anhand des folgenden Protokollbogens exemplarisch aufgeführt.

Beispiel: Protokollbogen zur Zielvereinbarung

Mitarbeiter:	Personal-nummer:	Führungs-kraft:	Personal-nummer:
Funktion des Mitarbeiters:		Seit:	
Datum der Vereinbarung:			

Ziele/Aufgaben:	Termin:	Unterstützung durch die Führungs-kraft/Vereinbarte Maßnahmen:
Aufgabenziele: (Inhalt/Umfang)		
1. Akquisition von 50 Neukunden	Bis Jahresende	Gemeinsame Planung und Vorbereitung von zwei Inhouse-Kundenveranstaltungen
2.		
3.		
4.		
...		
Verhaltensziele:		
Verbesserung des täglichen Zeit-managements (heißt vor allem:	Feedback-gespräch Ende 2. Quartal	Genehmigung eines Seminars zum Thema Arbeitsmethodik im 1. Halbjahr

Ziele/Aufgaben:	Termin:	Unterstützung durch die Führungskraft/Vereinbarte Maßnahmen:
gebündeltes Abarbeiten gleichartiger Aufgaben)		
…		
Führungsziele:		
Leitung des Projekts »Einheitliche Standards für Verkaufsschulungen«	Präsentation der Projektergebnisse in der Bereichsleitersitzung im September	Enge Begleitung des Projekts (Besprechung der Fortschritte im 2-Wochen-Rhythmus)
…		
Datum der Zielvereinbarung:		Unterschrift Mitarbeiter/Führungskraft

Bisher war von einem Zielvereinbarungsgespräch die Rede. Wie ich in der Überschrift dieses Abschnitts aber schon vorweggenommen habe, wäre die Bezeichnung **Zielgespräch** ebenso verwendbar, und zwar aus einem recht simplen Grund. In der Praxis sind die Gespräche über Ziele zumeist eine Verknüpfung aus Vergangenheit und Zukunft. Zunächst ziehen Sie mit Ihrem Mitarbeiter zum Ende des gesetzten Zeitraums (wie schon erwähnt: meist ist das ein Jahr) eine Bilanz des Erreichten, gefolgt von der Absprache der Ziele für die anstehende Zeitperiode. Zielgespräche stellen also nichts anderes dar als eine Mischung aus Zielbeurteilung und Zielvereinbarung, wobei Sie im Gesprächsteil, der der Beurteilung gewidmet ist, folgende Punkte behandeln sollten:

- Besprechung der im abgelaufenen Zeitraum erbrachten Leistungen anhand der gemeinsam verabredeten Ziele.
- Deutlich artikulierte Anerkennung und Bestätigung guter Leistungen.
- Formulierung von Kritik, gemeinsam betriebene Ursachenforschung und Aufzeigen von Verbesserungsmöglichkeiten für den Fall, dass Ziele nicht erreicht wurden.

Der Sinn dieses Gesprächsparts besteht also darin, dass Sie Ihre implizite Einschätzung explizit machen, sie klar aussprechen. Einmal mehr geht es um Transparenz und das formale Verankern der Kommunikation zwischen Führungskraft und Mitarbeiter, abseits des Tagesgeschäfts und der damit verbundenen Hektik und Betriebsamkeit.

Hinzu kommt, dass das Zielgespräch in vielen Unternehmen den Stellenwert eines »Bonusverkündigungsgesprächs« einnimmt. Das ist zumeist dann der Fall, wenn die Leistungsbeurteilung unmittelbar an das Gehaltssystem gekoppelt ist. Je höher der Grad der Zielerreichung, desto höher fällt die Bonuszahlung aus, jener variable Bestandteil von Gehältern, mit dem man Leistungsunterschiede individuell entlohnen und insbesondere Leistungsträger honorieren will. (Da uns die Diskussion über »pay for performance« aber vom Thema abbringen würde, sei hier nur am Rande darauf verwiesen, dass Zielvereinbarungssysteme, die Leistungsbeurteilung und

Bonus miteinander verzahnen, auf keine uneingeschränkte Befürwortung treffen. Im Gegenteil. Kritische Einwürfe gibt es genügend. Einer davon ist, dass der vorhandene Budgettopf auf zu viele Köpfe verteilt werden muss und damit im Endeffekt keine Gehaltsspreizung stattfinden kann, mit der man Leistungsträger deutlich über dem Durchschnitt bezahlt.)

Für uns von Bedeutung ist, dass Sie die Zielbeurteilung für eine inhaltlich differenzierte Analyse nutzen. Machen Sie sich insbesondere Gedanken darüber, welche exogenen, *von Ihren Mitarbeitern nicht beeinflussbaren Faktoren* auf den Grad der Zielerreichung eingewirkt haben. Und gehen Sie im Gespräch auch darauf ein. Gerade wenn Ihre Mitarbeiter Leistung unter schwierigen – und womöglich nicht vorhersehbaren – Bedingungen erbringen mussten (zum Beispiel ungünstige Marktverhältnisse, längere Personalengpässe in Ihrem Team aufgrund von krankheitsbedingten Ausfällen oder Problemen bei der Nachbesetzung offener Stellen), sollten Sie das im Gespräch ausdrücklich thematisieren.

Mit demselben Hang zum Konkreten sollten Sie die Beschreibung der Zielerreichung formulieren. Loben Sie, was Lob verdient. Kritisieren Sie, was zu kritisieren ist. Sagen Sie, an welchen Ecken Sie Verbesserungsmöglichkeiten sehen. Und das alles so eindeutig und floskelbefreit wie irgend möglich. Der Respekt gegenüber Ihrem Mitarbeiter gebietet es, dass Sie sich nicht nur bei der Zielvereinbarung um klare Worte bemühen, sondern bei der Beurteilung des Geleisteten mindestens ebenso viel Präzision walten lassen, mündlich wie schriftlich. (In nachstehendem Protokollbogen habe ich versucht, dafür ein Beispiel zu liefern.)

Diese Genauigkeitsmaxime können Sie selbstverständlich analog auf alle weiteren Teile anwenden, die ein Zielgespräch möglicherweise beinhaltet. Oft ist es üblich, neben der Zieleinschätzung auch noch eine Beurteilung des allgemeinen Arbeitsverhaltens (zum Beispiel Teamverhalten, Kundenorientierung) sowie einen Gesprächsteil »Entwicklung des Mitarbeiters« zu integrieren. Persönlich halte ich beide Module für sinnvoll, wobei ich insbesondere letztgenannten Part als wichtig erachte, weil er einem zentralen Thema – der gemeinsamen Erörterung von Entwicklungsperspektiven – die entsprechende Bühne und Aufmerksamkeit verschafft.

Beispiel: Protokollbogen zur Zielerreichung

Mitarbeiter:	Personal- nummer:	Führungs- kraft:	Personal- nummer:
Funktion des Mitarbeiters:		Seit:	
Datum der Vereinbarung:			
Ziele/Aufgaben:	Erläuterungen zu: Grad der Zielerreichung/ Einflussfaktoren/ Stärken des Mitarbeiters, Veränderungsbedarf		
Definierte Aufgabenziele:			
1. Akquisition von 50 Neukunden	40 neue Kunden zum Jahresende – damit liegen Sie zwar unter dem angestrebten Ziel, haben aber angesichts der schwierigen		

	Marktlage trotzdem einen großen Erfolg erzielt und Ihr Akquisitionsgeschick voll ausgespielt.
2.	
3.	
4.	
5.	
…	
Definierte Verhaltensziele:	
Verbesserung des täglichen Zeitmanagements	Es freut mich zu sehen, dass Sie Ihre tägliche Arbeit effektiver organisieren. Ich erlebe es insbesondere als positiv, dass Sie die Alltagsdinge (Planung von Kundenterminen, Mailbearbeitung) zügig und mit größerer Disziplin als früher erledigen.
…	
Definierte Führungsziele:	
Leitung des Projekts »Einheitliche Standards für Verkaufsschulungen«	Sie haben bei diesem Projekt gezeigt, dass Sie auch unter großem Zeitdruck kreative Ideen produzieren können. Über den Streit mit dem Projektkollegen aus dem Marketing hätten Sie mich allerdings informieren sollen. Trauen Sie sich in Zukunft bei ähnlich gelagerten Situationen, den Konflikt offen anzusprechen und rechtzeitig Alarm zu schlagen.
…	

Mitarbeiter:	Personal-nummer:	Führungs-kraft:	Personal-nummer:

Beurteilung der Gesamtleistung des Mitarbeiters aus Sicht der Führungskraft (gegebenenfalls auch Bonuseinwertung und Beurteilung des Arbeitsverhaltens):	Gesamtleistung: _ Übertrifft die Ziele _ Erfüllt die Ziele voll _ Erfüllt die Ziele zum großen Teil _ Erfüllt die Ziele in weiten Teilen nicht Bonuseinwertung: 150 % 100 % 50 % 0 %
Entwicklung des Mitarbeiters aus Sicht der Führungskraft (inkl. Fördermaßnahmen, Seminaren etc.):	
Stellungnahme des Mitarbeiters zur Beurteilung und Entwicklung:	
Datum:	Unterschrift Mitarbeiter/ Führungskraft

Auf einen Blick: Sechs Gebote des Führens mit Zielen

Den ersten Teil einer leistungsstimulierenden Formel sollte dieses Kapitel liefern – so hatte ich es eingangs angekündigt. Auf einen Satz komprimiert lautet dieser Teil so: **Je klarer die Übereinkunft zwischen Ihnen und Ihren Mitarbeitern, umso höher ist die Chance auf eine produktive Partnerschaft.** Eine, die man zu Recht als Leistungspartnerschaft bezeichnen kann. (Nebenbei bemerkt: Im Schlepptau dieser Quintessenz ist der zweite Teil der Formel ansatzweise bereits zum Vorschein gekommen. Grübeln und zurückblättern brauchen Sie deswegen jetzt aber nicht. Ich komme in Kapitel 5 noch ausführlich und »weniger versteckt« darauf zurück.)

Alle Komponenten dieser Formelhälfte sind beim Konzept des Führens mit Zielen abgedeckt: Es schafft Klarheit. Es fixiert Vereinbarungen. Es betont, indem es das Ergebnis der Arbeit in den Vordergrund rückt, das Leistungsprinzip. Aus eben diesen Gründen ist das »Management by Objectives« ein in der Praxis so beliebtes Konzept und bei konsequenter Umsetzung tatsächlich auch ein gutes. Was unter konsequent zu verstehen ist, möchte ich zum Abschluss dieses Kapitels herausstellen und habe daher die nach meiner Meinung entscheidenden Punkte, auf deren Grundlage das Führen mit Zielen zu einer Leistungspartnerschaft gedeiht, noch einmal in Form von sechs Geboten zusammengefasst.

1. Als Führungskraft haben Sie die Lizenz zum Fordern. Sie sind legitimiert, Ihren Mitarbeitern Leistungen abzuverlangen. Dieses Recht ist unanfechtbar und schließt ausdrücklich mit ein, in Zielvereinbarungen auch solche Leistungen zu definieren, auf die ein Mitarbeiter von sich aus womöglich nur begrenzte Lust hat.

2. Kommunikation ist der wichtigste Stellhebel beim Führen mit Zielen. Entwerfen Sie ein präzises Bild Ihrer Anforderungen. Ihre Mitarbeiter müssen verstehen können, was von ihnen erwartet wird und – was ebenso wichtig ist – welche Begründungen dahinter stehen. Wenn jeder Ihrer Mitarbeiter nach seinem Zielvereinbarungsgespräch folgende Fragen eindeutig für sich beantworten kann, dann haben Sie Ihren Job als Kommunikator erfüllt:

- Was genau soll bei meiner Arbeit herauskommen? Welche Ergebnisse müssen am Ende stehen?
- Woran erkenne ich, dass ich meine Ziele erreicht habe?
- Wann sollen die Aufgaben fertig sein? Wie viel Zeit habe ich jeweils?
- Welchen besonderen Einsatz muss ich bringen, damit ich meine Ziele erreichen kann?
- Hängen die Ziele hauptsächlich von meinem Beitrag ab? Wo sind Schnittstellen, um die ich mich kümmern muss?
- Warum muss ich die Ziele erreichen? Zu welchem übergeordneten Ziel leisten sie einen wesentlichen Beitrag?

3. Ihre Mitarbeiter müssen Ihre Integrität als Vertragspartner spüren. Machen Sie bei der gemeinsamen Erarbeitung der Ziele deutlich, dass Ihnen nicht daran gelegen ist, Erwartungen durchzudrücken, sondern dass

Sie Ziele vereinbaren wollen, die angemessen sind; anspruchsvoll, aber aufgrund der Fähigkeiten Ihrer Mitarbeiter nach Ihrer Überzeugung auch erreichbar.

4. Nutzen Sie den Elan und die Entschlossenheit Ihrer Mitarbeiter, Ideen aus sich heraus zu entwickeln. Das Führen mit Zielen lebt davon, dass sich Ihre Mitarbeiter im Rahmen der gemeinsamen Absprache den Lösungspfad in eigener Regie suchen und anhand der dabei gemachten Erfahrungen dazulernen. Leistungsträger wollen genau das. Sich freischwimmen, sich selbst bestimmen, sich fordern. Gerade Ihren entwicklungshungrigen, verantwortungsbereiten Mitarbeitern sollten Sie es deshalb überlassen, die konkreten Maßnahmen auf dem Weg zur Zielerreichung selbst zu planen und deren Umsetzung voranzutreiben.

5. Sie haben das Recht, die Leistungen Ihrer Mitarbeiter zu kontrollieren. Und Sie haben die Pflicht dazu. Mit einer Blockwartfunktion hat das allerdings nichts zu tun. Noch einmal sei daran erinnert: Sie sind Vertragspartner. Wirksame, effektive Zielkontrolle kommt nur in Form eines kontinuierlichen Echos zum Tragen. Wenn Sie mit Zielen führen, müssen Sie mit Ihren Mitarbeitern über den Grad der Zielerreichung Rücksprache halten. Häufig kommt aber leider genau das zu kurz, was am wichtigsten ist: Zwischengespäche, in denen Sie sich – »face to face« und nicht nur per Mail oder Telefon – über den Stand der Dinge austauschen.

6. Um zielgerichtet zu führen, müssen Sie zielgerichtet mit Ihrer Zeit haushalten. Das Management Ihrer

Mitarbeiter beginnt bei Ihrem eigenen Zeitmanagement. Lernen Sie frühzeitig, Ihren Tagesablauf im Bewusstsein des Wesentlichen zu gestalten. Will heißen: Bringen Sie Ihre Aktivitäten in eine klare Rangfolge und schenken Sie Ihre Arbeitszeit vorrangig jenen Aufgaben, die der Verwirklichung der mit Ihrem Chef vereinbarten Ziele (= Teamziele!) dienen. Alles andere ist stets nachrangig. Sollten Sie schon nach Ihren ersten Monaten als Führungskraft darüber klagen, wie sehr Sie in Dringlichkeitsaufgaben versinken und wie wenig Zeit Ihnen für die wirklich wichtigen Dinge bleibt, ist zunächst einmal angebracht, dass Sie selbstkritische Nabelschau betreiben und sich mit dem Thema Arbeitsmethodik konfrontieren.

3. Star Search: Wie Sie geeignetes Personal auswählen

Selbst das spannendste Drehbuch macht noch keinen attraktiven Film. Es sind die Schauspieler, die ihm den Ritterschlag des Publikums verleihen. Über den Erfolg entscheidet die Auswahl der Darsteller, ein gutes Casting ist alles. Hollywood arbeitet nach diesem Prinzip, die hinlänglich bekannten TV-Gesangswettbewerbe funktionieren danach. Und auch für unser Thema liefert dieses Motto das passende Entree. Denn es kommt der Tag, da Sie Ihr erstes Einstellungsinterview führen und versuchen werden, jemanden an Bord zu holen, der eine offene Position in Ihrem Team optimal ausfüllt. Eine neue Ära in Ihrem Dasein als Führungskraft beginnt – von nun an werden Sie den Talent-Scout und Personalentscheider in sich entdecken müssen.

Ohne Zweifel ist dieser Aspekt Ihres Jobs derjenige mit der größten Tragweite. Jede Personaleinstellung hat die Bedeutung einer Investitionsentscheidung, bei der Sie mit dem Geld Ihres Unternehmens jonglieren. Mit einer richtig besetzten Stelle legen Sie dieses Geld gut an, mit einer falsch besetzten versenken Sie es. Dass sich ein Neueinkauf als glatter Missgriff enttarnt, ist eine Leidenserfahrung, die ich Ihnen für Ihre Probezeit nicht an den Hals wünsche. Wobei ich relativierend und ohne einen Funken Zynismus hinzufüge, dass es eine heilsame Lektion ist, während der Lehrjahre als Führungskraft einen solchen Irrtum wenigstens einmal zu durchleben.

Auch ich habe eine Fehlbesetzung in meinem Jobumfeld bereits mitverantworten und ausbaden müssen. Auf meinem persönlichen Lernkonto habe ich dabei für alle Zeiten verbucht, dass Personalauswahl ein Höchstmaß an bewusster Auseinandersetzung und zeitlichem Engagement erfordert:

Wissen, welche Fähigkeiten den Unterschied machen. Ein unverzichtbares Credo der Personalsuche. Sie müssen in der Lage sein, die Differenzierungsmerkmale zu markieren, die einen Top-Kandidaten von einem Durchschnittsbewerber abheben. Wie Sie das am besten tun, dazu gleich mehr.

Bewerber glaubhaft informieren und begeistern. Top-Kandidaten schauen genau hin, sind wählerisch und beratungsaufwändig. Um das Interesse solcher Bewerber zu wecken, muss man als Führungskraft bereit sein, seine Jobofferte intensiv zu vermarkten. Nicht durch Vorspiegelung von Verheißungen, die sich nach Vertragsunterschrift als Augenwischerei entpuppen, sondern durch realistische und ausführliche Informationen während des gesamten Auswahlprozesses.

Sich ehrlich fragen, mit wem man arbeiten will. Was für Ihr bestehendes Mitarbeiter-Portfolio gilt (siehe die Seiten 33–38), sollten Sie selbstverständlich auch bei jeder Neueinstellung berücksichtigen. Verkneifen Sie sich keinesfalls die Antwort auf die Frage, ob Sie mit einem Bewerber »warm werden«. Fachlich mag ein Kandidat über alle Qualitäten und einen erstklassigen Lebenslauf verfügen, wenn es aber auf der Beziehungsebene nicht funkt, sollten Sie dieses gefühlsmäßige Alarmsignal niemals unterdrücken. Höllisch aufpassen müssen Sie dabei allerdings, dass Sie nicht den Verlockungen der *Harmo-*

niefalle erliegen! Stellen Sie sich vor, Sie würden Bewerber ausnahmslos danach rekrutieren, ob der Persönlichkeitstyp Ihnen ähnelt. In jedem Unternehmen werkeln viel zu viele Chefs, die genau das tun: es sich bei der Personalauswahl leicht machen, indem sie die Talentsichtung darauf reduzieren, ein uniformes, nach ihrem Ebenbild geschnitztes Team zu züchten. Heterogenität hat unter anderem den Vorteil, innovationsfreudige Spannungen zu erzeugen. Dieser Perspektive würden Sie sich bei einer Einstellungspolitik, die lauter kleine Klone von Ihnen hervorbringt, definitiv berauben. Fazit dieser Warnhinweise: Trauen Sie sich, Andersartigkeit in Ihr Team zu holen. Herauszufinden, wie Sie mit einem konträren Persönlichkeitstyp zurechtkommen, ist eine der prägendsten Erfahrungen, die Sie als frisch gebackener Chef machen können.

Das Team als Ganzes in Betracht ziehen. Mit jeder Einstellung greifen Sie in das Gefüge ein, das Sie zu Beginn Ihres Führungsjobs übernommen haben. Folglich sollten Sie bei Ihren »Zukäufen« stets gedanklich durchspielen, wie ein neuer Akteur das Gesamtbild verändert und die Teamdynamik beeinflusst. Ist das Alter des Bewerbers mit der Alterspyramide Ihres Teams kompatibel? Könnte das hohe Gehalt, das sich Ihr High Potential mit den beiden Universitätsabschlüssen vorstellt, bei den Nichtakademikern im Team zu Verstimmungen führen? Würde eine Frau besser reinpassen als ein Mann? Bringt ein kreativer Power-Typ frischen Wind in die Bude, weil er Ihre tüchtig-solide Truppe aufmischt? Oder injiziert das Wirbeln eines durchsetzungsstarken Störers mehr Konflikte als Ideen? All diese Fragen berühren das Team als Ganzes, und es ist daher klug, die Wechselwirkungen einer Personalentscheidung auch in der ersten, zweiten und vielleicht dritten Ableitung vorzuanalysieren.

Für eine grundsätzlich gute Idee halte ich dabei den Teamdurchlauf: Lassen Sie Ihr Team an der Auswahl partizipieren, indem Sie interessante Bewerber durch eine Kennenlernrunde schleusen und jedem Ihrer Mitarbeiter die Gelegenheit geben, den potenziellen Kollegen in Form eines informellen Gesprächs (zum Beispiel am Arbeitsplatz oder beim gemeinsamen Mittagessen) abzuklopfen. Am Ende einer solchen Tour holen Sie die Meinungen Ihrer Mitarbeiter ein. Sie gewinnen auf diese Weise Eindrücke, die Ihre Einschätzung des Bewerbers entscheidend verstärken oder korrigieren können. Bedenken Sie dabei natürlich: Die Tatsache, dass Sie Ihre Mitarbeiter bei der Personalauswahl anhören, darf nicht Ihre Verantwortung als finaler Entscheider weichspülen. Allen muss klar sein, dass Sie nicht darauf aus sind, über jede Einstellung basisdemokratisch abzustimmen. Ob Zu- oder Absage, Ihr Votum ist maßgebend. Auch für den Fall (wie ich es schon mehrfach erlebt habe), dass sich Ihre Entscheidung nicht mit der Meinung Ihres Teams deckt.

Das Einmaleins der Personalauswahl kennen und seriös anwenden. Es ist erschreckend zu hören, wenn sich Führungskräfte rühmen, sie könnten nach einem Fünf-Minuten-Interview sagen, ob ein Bewerber es wirklich drauf hat. Top oder Flop, da müsse man jemandem nur gebieterisch in die Augen schauen und ihn mit zwei, drei blitzartigen Fragen überrumpeln. Voilà, schon bröckelt die Fassade, wieder mal ist ein Bewerber geknackt. Aus meiner Sicht zeugt ein derart vorgetragenes Vertrauen in die eigene Menschenkenntnis und Gesprächstaktik in erster Linie von überheblicher Hemdsärmeligkeit; Nachahmung nicht empfehlenswert.

Ich möchte Sie in diesem Kapitel dafür empfindsam machen, Personalauswahl nicht impressionistisch (»Ich finde den Bewerber gut, irgendwie gefällt er mir«), sondern solide vorbereitet und methodisch sauber zu betreiben. Betrachten Sie die folgenden Seiten als Lesestoff über technisches Basiswissen. Die Strukturierung von Suchkriterien und die Grundprinzipien der Interviewführung sind die beiden handwerklichen Hilfsmittel, mit denen sich jede Führungskraft (unabhängig von Branche und Mitarbeiterklientel) beschäftigt haben sollte, die ihrer Herangehensweise bei der Personalauswahl einen gleichermaßen persönlichen wie professionellen Stil geben möchte.

Fleisch ans Gerippe: Anforderungsprofile mit Substanz

Ihre Vorstellungen von einem zukünftigen Mitarbeiter in ein aussagekräftiges Anforderungsprofil zu übersetzen ist eine der lohnendsten Investitionen, die Sie als Führungskraft überhaupt tätigen können. Bemühen Sie sich um Klarheit und sparen Sie damit Zeit, Ärger und Kosten. Auf diesen einfachen Nenner lässt sich der Mehrwert eines Anforderungsprofils bringen, das Ihnen – wenn präzise durchdacht – in dreierlei Hinsicht große Dienste leistet:

- Es liefert die Basis für Stellenausschreibungen: sowohl intern, also im Unternehmen oder Konzern, als auch extern, sprich in Zeitungen, für Suchaufträge an Headhunter, Jobbörsen im Internet etc.
- Es dient als Raster für zielgerichtete Bewerbergespräche.
- Es vermeidet Abstimmungsprobleme, was insbesondere dann zutrifft, wenn mehrere Beteiligte (zum Beispiel Betriebsrat, Personalabteilung, andere Fachkollegen) bei der Personalauswahl mitwirken und diese das Anforderungsprofil gemeinsam erarbeitet und verabschiedet haben.

Der Weg zu einem griffigen Anforderungsprofil führt über einen gedanklichen Dreischritt. Das bedeutet: **Zunächst einmal sollten Sie die Bedeutung der Position, die Sie besetzen wollen, klar definieren.** Fragen Sie sich, wozu diese Position in Ihrem Unternehmen benötigt wird. Oder um es in der betriebswirtschaftlichen Terminologie zu sagen: Fragen Sie sich, worin der Wertschöpfungsbeitrag der Position besteht. Was also trägt die Position dazu bei, die Ziele Ihres Unternehmens zu erreichen? (Sollte Ihnen keine Antwort einfallen, wäre das ein untrügliches Signal dafür, dass Sie sich ernsthaft Gedanken über die Existenzberechtigung der Stelle und damit über deren Streichung machen müssten …)

Aus den Positionszielen leiten sich im zweiten Schritt die Kernaufgaben ab. Halten Sie für sich fest: Was sind die Aufgaben, die die offene Stelle am treffendsten beschreiben? Beziehungsweise: Welche Aufgaben müssen auf dieser Position auf jeden Fall bewältigt werden? Priorisieren Sie dabei. Drei bis fünf nach ihrer Wichtigkeit geordnete Kernaufgaben reichen in der Regel für die

Charakterisierung einer Stelle aus. Möchten Sie noch differenzierter vorgehen, bietet es sich häufig an, sauber zwischen Kern- und Nebenaufgaben zu trennen. Als Unterscheidungskriterium können Sie zum Beispiel den zeitlichen Umfang für die jeweilige Aufgabe heranziehen.

Schritt drei ist die Formulierung der Anforderungen an Ihren zukünftigen Mitarbeiter. Die Frage lautet: Welche Kompetenzen, sowohl fachlich als auch (zwischen)menschlich, muss der Kandidat mitbringen, um die von Ihnen definierten Aufgaben auf der Position erfolgreich auszufüllen? Die Kompetenzen werden zumeist nach dieser Klassifizierung einsortiert:

- Fachliche Voraussetzungen (»hard facts« wie Ausbildung, abgeschlossenes Studium, bisherige Berufserfahrung, Sprachkenntnisse etc.)
- Verhaltenskompetenzen beziehungsweise methodische Kompetenzen (zum Beispiel »Beziehungstalente« wie Kommunikationsverhalten und Einfühlungsvermögen oder »kognitive Talente« wie Konzeptdenken, Analysefähigkeit und Kreativität)
- Persönlichkeitsfaktoren (Motive und Einstellungen wie Belastbarkeit, Leistungsbereitschaft, unternehmerisches Denken, Dienstleistungsverständnis)

Für alle drei genannten Kompetenzfelder empfiehlt sich die Unterscheidung in Muss-Kriterien (»Anforderungen, die der Bewerber zwingend erfüllen muss«) und Wunsch-Kriterien (»Anforderungen, die der Bewerber im Idealfall erfüllt«), also Aspekte, auf die Sie insbesondere dann zurückgreifen können, wenn Sie die Qual der Wahl haben und sich zwischen mehreren ähnlich qualifizierten Kandidaten entscheiden müssen.

Zwingen Sie sich bei der gedanklichen Arbeit an Ihren Anforderungskriterien in jedem Fall zu konkreten Aussagen, setzen Sie einmal mehr auf Präzision anstelle von Abstraktion. Sorgen Sie dafür, wie es in der Überschrift heißt, dass Fleisch ans Gerippe kommt! Anforderungsprofile, die nur an der Oberfläche kratzen, entlarven sich dadurch, dass Kompetenzen wie »Belastbarkeit«, »Durchsetzungsvermögen« und »Führungsqualitäten« als klapprige Skelette dahertakeln. Zu Leben erweckt werden solche Kriterien, sobald sie mit dem Kontext der zu besetzenden Position verknüpft sind.

Nehmen wir zum Beispiel das häufig geforderte Kriterium »Belastbarkeit«. Als Führungskraft sollten Sie eine genaue Vorstellung davon haben, worauf Sie hinauswollen, wenn Sie von einem neuen Mitarbeiter Belastbarkeit erwarten. Ist damit insbesondere die Resistenz gegenüber Stresssituationen gemeint, in denen es darauf ankommt, gute Arbeitsergebnisse unter ständig hohem Zeitdruck zu produzieren? Oder doch eher die Fähigkeit, verschiedenartige Aufgaben parallel zueinander voranzutreiben und dabei den Überblick zu bewahren? Ein Begriff, zwei unterschiedliche Auslegungen – eben das muss nicht passieren, und es wird nicht passieren, wenn Sie Ihr Anforderungsprofil möglichst *situationsbezogen* und *handlungsrelevant* formulieren, sprich den Bezug zu den Aufgaben der Position herstellen.

Anhand eines Beispiels, das ich meiner beruflichen Praxis entlehnt habe, möchte ich an dieser Stelle illustrieren, wie sich ein griffiges Anforderungsprofil aus der Präzisierung von Position und Aufgabenbeschreibung ableiten lässt. So, wie ich diesen Steckbrief ausgeschmückt habe, wird er in den meisten Unternehmen bei Ausschreibungen und Anzeigen zwar (leider) nicht gehandhabt. Auch die Unterscheidung zwischen Muss- und Wunsch-Kriterien ist häufig nicht erkennbar. Ich habe aber mit Bedacht etwas ausführlicher formuliert, weil es mir in erster Linie darum geht, zu betonen, wie wichtig es ist, sich bei einem Anforderungsprofil in Genauigkeit zu üben. Stellen Sie sich vor, Sie hätten es mit einem imaginären Interviewpartner zu tun, der Sie mit Fragen löchert wie: »Was genau verstehen Sie in Ihrem Job unter Belastbarkeit?« oder »Wie definieren Sie Teamfähigkeit in Ihrer Abteilung?« Jene gedankliche Schärfe, die Sie bei der Beantwortung solcher Fragen an den Tag legen sollten, gilt es auf die Erwartungen an Ihren zukünftigen Mitarbeiter zu übertragen. Wenn Ihnen das nicht nur im Kopf, sondern auch noch in der schriftlichen Fixierung des Anforderungsprofils gelingt, dann umso besser.

Beispiel: In drei Schritten zu einem griffigen Anforderungsprofil

Zu besetzende Position: Referent/in für Personalmarketing und Personalrekrutierung an Hochschulen

Positionsziel definieren (Wozu wird diese Position im Unternehmen benötigt?):

- Aufbau eines attraktiven Arbeitgeberimages innerhalb der Zielgruppe Hochschulabsolventen
- Gewinnung (»Rekrutierung«) akademischen Nachwuchses für die verschiedenen Traineeprogramme

Kernaufgaben ableiten (Welche drei bis fünf Aufgaben beschreiben die Position am treffendsten?):

- Aufbau und Pflege von Kontakten zu relevanten Hochschulen im In- und Ausland (Professoren, Studentenvereinigungen, Career Services)

- Beratung interessierter Hochschulabsolventen rund um das Thema »Einstieg und Karriere«
- Vorauswahl geeigneter Kandidaten (eigenverantwortliche Durchführung von Bewerber-Interviews)

Anforderungsprofil formulieren (Was müssen Bewerber für diese Position mitbringen?):

Fachliche Voraussetzungen

- Abgeschlossenes Hochschulstudium (wichtig, um der Zielgruppe Hochschulabsolventen auf gleicher Augenhöhe begegnen zu können. Ideal: Studiengang mit Schwerpunkt Personalwesen) **Muss-Kriterium**
- Praktische Erfahrungen im Personalbereich liegen bereits vor (mindestens ein Praktikum von ca. sechs bis acht Wochen) **Muss-Kriterium**
- Sehr gutes Englisch (ideal: gelernt durch Aufenthalt in einem englischsprachigen Land) **Wunsch-Kriterium**

Verhaltenskompetenz/Methodenkompetenz

- Ausgeprägte konzeptionelle Stärke (wichtig ist die Fähigkeit, neben dem Tagesgeschäft neue Ideen und Konzepte für die Zusammenarbeit zwischen Hochschulen und Unternehmen zu entwerfen und in die Praxis umzusetzen) **Muss-Kriterium**
- Sehr gute Kommunikations- und Präsentationsfähigkeiten (meint insbesondere die Fähigkeit, geeignete Studenten und Absolventen im persönlichen Kontakt, zum Beispiel als Redner bei Veranstaltungen, qua Persönlichkeit und Auftreten glaubwürdig für das Unternehmen begeistern zu können) **Muss-Kriterium**
- Anwendungssicher und kreativ im Umgang mit MS-Office-Programmen (ideal wegen Erstellung professioneller Präsentationsvorlagen) **Wunsch-Kriterium**

Persönlichkeit

- Teamplayer-Mentalität (vor allem im Sinn von Integrationsfähigkeit und Bodenhaftung. Wichtig, weil die anderen Teammitglieder kein Hochschulstudium haben und auf »akademischen Snobismus« allergisch reagieren) **Muss-Kriterium**
- Klares Bekenntnis zu Reisetätigkeit und flexiblen Arbeitszeiten (Jobmessen dauern häufig bis in den Abend hinein oder finden am Wochenende statt. Eine »Nine to five«-Einstellung ist völlig unbrauchbar) **Muss-Kriterium**
- Ausgeprägtes Gespür für die Vernetzung und Zusammenführung unterschiedlicher Interessen (ideal, weil wichtig für die Kooperation mit Fachabteilungen in verschiedenen Projekten; zum Beispiel bei der Konzeption von Trainee-Programmen und Seminaren) **Wunsch-Kriterium**

Noch ein Tipp zur Abrundung des Themas Anforderungsprofil: Sollten Sie sich bei der Ausarbeitung der verhaltens- und persönlichkeitsbezogenen Anforderungskriterien schwer tun, so versuchen Sie es mal mit einem Kniff, der im Fachjargon als »Critical Incidents Technique« beschrieben wird. Dahinter verbirgt sich eine recht einfache, aber wirkungsvolle Herangehensweise – halten Sie sich Ihr Mitarbeiter-Portfolio vor Augen und studieren Sie Ihre Leistungsträger:

- Definieren Sie dafür zunächst die erfolgsrelevanten (»kritischen«) Arbeitssituationen, in denen sich die leistungsstarken Mitarbeiter Ihres Teams von den schwächeren Mitarbeitern unterscheiden.
- Machen Sie sich bewusst, welche Verhaltensweisen

Ihre erfolgreichen Mitarbeiter zeigen: Was kennzeichnet sie? Warum machen sie ihren Job erfolgreich?

- Leiten Sie aus dieser Analyse ab, was ein neuer Mitarbeiter an Persönlichkeitsfacetten und Verhaltenskompetenzen mitbringen sollte, um auf seiner Position Erfolg zu haben.

Dichtung und Wahrheit: Informationsgewinnung im Bewerbungsgespräch

Das Bewerber-Interview hat gegenüber anderen Verfahren der Personalauswahl (Intelligenztests, Persönlichkeitstests, Rollenspiele etc.) einen entscheidenden Vorteil. Es ist der geradlinigste Weg, um einen Menschen kennen zu lernen: seine Geschichte (Biografie) und die damit verbundenen Persönlichkeitsfaktoren – all das, was im psychologischen Fachjargon mit *Motiven* (zum Beispiel Werte und Interessen), *Einstellungen* (zum Beispiel Ziele und Wünsche) und *überdauernden Verhaltensmustern* (zum Beispiel Gewohnheiten, Regeln, wiederkehrende Abläufe) gemeint ist.

Als Interviewer muss es Ihr Ziel sein, dass der Bewerber möglichst viele Informationen über seine Biografie und die Persönlichkeitsfaktoren freilegt und Sie auf diese Weise die Chance erhalten, Antworten auf die zentrale Frage zu finden: Wie passen die Person und meine Anforderungskriterien zusammen? Diese Verknüpfung sollte Ihnen bei der Beurteilung des Bewerbers gelingen, und damit sie Ihnen gelingt, ist es an Ihnen, drei Voraussetzungen zu erfüllen:

1. Sie müssen wissen, wonach Sie suchen

Ihr Anforderungsprofil ist der Anfang von allem. Sie können hieraus sowohl die Struktur als auch die Leitfragen Ihres Interviews ermitteln. Und je präziser Sie dabei vorgegangen sind, desto leichter werden Sie sich im Interview tun, die richtigen Fragen zu stellen.

2. Lassen Sie reden

Ein guter Interviewer ist das Gegenteil eines Selbstdarstellers. Mit seinen Redeanteilen hält er sich zurück, den Redefluss des Bewerbers unterbricht er nicht unnötig. Stattdessen hört er sich in Ruhe an, welche Antworten ihm auf seine offenen Fragen spontan präsentiert werden. Wissend, dass freie Antworten auf offene Fragen zu den aufschlussreichsten gehören, die man in einem Interview überhaupt gewinnen kann. Ich garantiere Ihnen: Mit wachsender Interviewerfahrung werden Sie feststellen, dass des Pudels Kern häufig in den ersten Reaktionen auf Ihre Fragen begraben liegt. Spitzen Sie deshalb gerade bei den spontanen Antworten die Ohren – es steckt viel Wahrheit in dem, was hier dargeboten wird und was nicht.

3. Gehen Sie in die Tiefe

Anders gesagt: Die Kunst eines guten Interviews liegt im gezielten Nachfragen. Trauen Sie sich, an den Punkten, die Sie für wichtig und interessant erachten, so lange nachzuspüren, bis Sie das Gefühl haben, dass die Antwort spezifisch und in Ihrem Suchraster verwertbar ist. Häufig leidet die Qualität von Bewerbungsgesprächen darunter, dass sie eher wie ein Schattenboxen ablaufen: Der Interviewer stellt die Aussagen des Bewerbers nicht infrage, selbst wenn er Zweifel an der Ehrlichkeit hegt oder ihn die Antwort (zum Beispiel, weil sie viel zu vage ist) noch nicht zufrieden stellt.

Halbstandardisiert – der Regieplan eines professionellen Interviews

Erfolgreich im Sinn ergiebiger Informationsgewinnung verlaufen Interviews zumeist dann, wenn sie mit einem Gerüst aus Struktur und Systematik ausgestattet sind. In der Sprache der Personalabteilungen ist dies das so genannte halbstandardisierte Interview. Der Gesprächsführung liegt dabei ein Set von Leitfragen zugrunde, zudem ist der Ablauf in klar erkennbare Teilmodule gegliedert. Im Gegensatz zum standardisierten Interview sind aber nicht alle Themen und Fragen festgelegt. Für den Interviewer bleibt also genügend Spielraum, um an einzelnen Punkten unterschiedlich lange zu verweilen und das Gespräch auf die interessanten Aspekte zuzuschneiden. Empfehlenswert ist ein auf thematischer Gliederung und Leitfragen basierendes Interviewkonzept vor allem deshalb, weil es eine bessere Vergleichbarkeit der Bewerber ermöglicht und sicherstellt, dass nichts Wesentliches vergessen wird oder sich das Gespräch in der Beliebigkeit eines Zickzack-Kurses verliert.

Im Folgenden möchte ich Ihnen die Sinnabschnitte eines halbstandardisierten Interviews vorstellen, wie ich es in meiner beruflichen Praxis als ergiebig und zielgerichtet erlebt habe. Im Einzelnen sind das:

1. Gesprächsbeginn
2. Selbstvorstellung des Bewerbers

3. Fragen zur Biografie
4. Fachfragen
5. Fragen zu Kompetenzen und Motiven & Einstellungen
6. Jobinformationen
7. Gesprächsabschluss

Verstehen Sie diese Module (und ihre Reihenfolge) als eine Art idealtypisches Drehbuch, das Sie zu einem systematischen Vorgehen bei Ihren Interviews anregen soll. In der Realität, also je nach Unternehmen und Unternehmenskultur, ist dieses Gesprächsmuster natürlich einer Bandbreite von Variationen unterworfen.

1. Gesprächsbeginn

Das Ziel, auf das ein Bewerbungsgespräch aus Ihrer Perspektive als Interviewer zusteuern sollte, lässt sich eindeutig identifizieren: Es geht darum, dass Ihr Gegenüber möglichst viel von sich zu erkennen gibt. Er soll nicht blocken, sondern sich auf die Situation einlassen. Ihr Job ist es, das dafür nötige Gesprächsklima zu schaffen. Das heißt zum einen: Bringen Sie dem Kandidaten Ihre Wertschätzung entgegen, indem Sie die Warm-up-Phase (Begrüßung, eine Brise Smalltalk, Vorstellung der am Interview beteiligten Vertreter des Unternehmens) angenehm gestalten. Und zum anderen: Klären Sie den Bewerber über die Gesprächssituation auf. Verdeutlichen Sie das Ziel, den Ablauf und den Zeitrahmen des Gesprächs – der Bewerber hat ein Anrecht auf Transparenz.

Dazu gehört nach meiner Meinung insbesondere auch, dass Sie die Gangart des Interviews offen ansprechen. Ich halte nichts von Interviewern, die sich darin gefallen, den Gesprächsauftakt in Zuckerwatte zu packen (»Ich kann Ihnen versprechen, das wird alles halb so wild«), nur um den Bewerber dann im Hauptgang des Interviews zu überrumpeln, indem sie vermeintlich hart und provokant »zubeißen«. Professionalität in der Gesprächsführung besteht darin, zu Beginn klare Signale zu setzen. Es spricht nichts dagegen, wann immer Sie es als zielführend erachten, mit Biss nachzufragen. Nur sollte man es dann ankündigen. Machen Sie Ihr Anliegen also explizit, zum Beispiel so: »Aus unserer Stellenanzeige wissen Sie ja, dass es bei dieser Position vor allem auch auf bereits vorhandene Fachkenntnisse ankommt. Wir werden daher gerade an diesem Punkt verstärkt nachfragen.«

2. Selbstvorstellung des Bewerbers

»Bevor wir mit dem eigentlichen Gespräch starten, möchte ich Sie bitten, sich einfach noch einmal in einer kurzen Präsentation vorzustellen …« Ein solches Erzählen-Sie-von-sich ist bei erfahrenen Interviewern sehr beliebt. Denn eine Kurzpräsentation (ideal: ca. drei bis fünf Minuten) als Prolog für den dann folgenden Abtausch von Fragen und Antworten vorzuschalten, birgt eine Reihe von Vorteilen. Zum einen kann die Selbstvorstellung dem Bewerber helfen, Nervosität abzubauen und sich quasi warm zu reden. Zum anderen bietet Ihnen die Präsentation erste interessante Einblicke: Welches Bild möchte der Bewerber von sich vermitteln? Wo setzt er Schwerpunkte? Und: Wie kreativ, wie redegewandt trägt er seine Vita vor? Zudem liefert ein solch komprimierter Abriss der Biografie bereits Anknüpfungspunkte fürs gezielte Nachfragen im anschließenden Gespräch.

Sollten Sie sich für eine Selbstvorstellung als Interviewmodul entscheiden (und ich kann Sie dazu nur ermuntern), dann achten Sie in jedem Fall darauf, den Bewerber möglichst nicht zu unterbrechen. Konzentrieren Sie sich völlig und ganz auf Inhalt und Vortragsweise.

3. Fragen zur Biografie

Alles, worauf die Bewerbungsunterlagen oder die Selbstvorstellung des Bewerbers die Sicht freigeben, kann jetzt ins Blickfeld rücken, ganz gleich ob Studienzeit, Berufserfahrung oder Hobbys. Anders gesagt: Nehmen Sie all jene Aspekte der Vita unter die Lupe, bei denen Sie genauer hinschauen wollen. Ihr Erkenntnisinteresse kann sich dabei selbstverständlich aus einem Spektrum recht unterschiedlicher Motive speisen. Sei es die Neugier an einzelnen Lebenslaufstationen (»Das mit dem Abitur in Südafrika klingt ja spannend. Wie kam es denn überhaupt dazu?«), sei es eine gewisse Skepsis, weil Ihrem Gefühl nach bestimmte Punkte eher schleierhaft denn schlüssig dargestellt wurden (»In den Unterlagen erwähnen Sie Ihre halbjährige Studienreise durch Lateinamerika. Was genau haben Sie da studiert?«), oder schlichtweg das Bedürfnis, einzelne Entscheidungen besser verstehen zu wollen (»Mich würde noch genauer interessieren, warum Sie Ihre Ausbildung nach drei Monaten abgebrochen haben«). Ganz generell empfehle ich für diesen Part des Interviews, sich weniger von einer punktuellen Betrachtung leiten zu lassen, als vielmehr die Verbindungslinien und Knotenpunkte der Biografie auszuloten, sprich der Frage nachzuspüren, wie einzelne Stationen des Lebenslaufs zusammenhängen und inwieweit wichtige Entscheidungen im Leben des Bewerbers miteinander in Beziehung stehen.

4. Fachfragen

Ob Sie diesen Interviewpart auslassen, knapp oder ausführlich gestalten, hängt natürlich davon ab, welches Maß an Wissen (und/oder Fertigkeiten) Sie erwarten und voraussetzen. Folglich liegt es ganz bei Ihnen abzuwägen, welche Wichtigkeit das fachliche Know-how im Vergleich zu den Verhaltens- beziehungsweise Methodenkompetenzen und Persönlichkeitsfacetten einnimmt. Was die Art des Fragens angeht, lässt sich keine allgemein gültige Aussage formulieren. Sehr direkte Fragen, die Wissen regelrecht abprüfen, können ebenso zielführend sein wie solche, die auf eher höherem Abstraktionsniveau siedeln und beispielsweise darauf aus sind, die Analysefähigkeit des Bewerbers anzutesten (»Was würden Sie unsere Geschäftsführer fragen, wenn Sie als Wirtschaftsjournalist einen Artikel über die Fusionsspekulationen in unserer Branche schreiben wollten?«).

5. Fragen zu Kompetenzen und Motiven & Einstellungen

Die Sonde wird in diesem Teil des Interviews tiefer geführt. Das Ziel der Bohrung: Jene Kriterien des Anforderungsprofils, die der Bewerber neben seinem fachlichen Können mitbringen sollte. Es geht zum einen also um die Verhaltens- und Methodenkompetenzen und zum anderen um die Persönlichkeitsfaktoren des Bewerbers, seine Motive und Einstellungen. Interessieren Sie sich dafür, wie der Bewerber in Konfliktsituationen agiert und reagiert, wäre das ein typisches Beispiel für den Bereich Verhaltenskompetenz. Nach einer Methodenkompetenz fragen Sie, wenn Sie unter anderem wissen wollen, wie der Bewerber komplexe Aufgabenstellungen (zum

Beispiel Projektleitung) anpackt. Versuchen Sie, die Antriebsfaktoren für berufliche Leistungen zu ergründen, oder hinterfragen Sie das Dienstleistungsverständnis des Bewerbers, dann bewegen Sie sich im Themenfeld Motive und Einstellungen. So weit, so klar? Bleibt »nur« die Frage, wie Sie dem Bewerber Aussagen über Kompetenzen und Motive entlocken, die tatsächlich ehrlich gemeint sind. Um als Interviewer zum Kern der Dinge vorzudringen, ist es ratsam, sich zweier ganz bestimmter Fragetypen zu bedienen, nämlich situativer Fragen (auch episodische Fragen genannt) und selbstreflektorischer Fragen. Näheres dazu direkt im Anschluss an die Typologie der Interviewmodule.

6. Jobinformationen

Als Interviewer haben Sie im Normalfall auch einen Vermarktungsauftrag: Wollen Sie jemanden für einen Job in Ihrem Team und Unternehmen begeistern, so sollten Sie bemüht sein, ihn mit allen entscheidungsrelevanten Auskünften zu versorgen. Planen Sie daher idealerweise in jede Interviewsituation ein Zeitfenster für den Austausch von Informationen ein. Erzählen Sie von sich aus und geben Sie dem Bewerber zudem Gelegenheit, all jene Fragen zu platzieren, die im Vorfeld des Gesprächs noch nicht geklärt wurden. Keiner Seite wäre gedient, blieben am Ende wesentliche Aspekte (zum Beispiel Schnittstellen der Position zu anderen Abteilungen, Förderung von Maßnahmen zur Weiterbildung etc.) unbesprochen. Aus der Sicht des Interviewers hat die Einladung zum Informationsaustausch überdies noch einen nicht zu unterschätzenden Nebeneffekt: Sie können sich anhand der Fragen des Bewerbers einen zusätzlichen Eindruck darüber verschaffen, wie intensiv er sich auf das Gespräch vorbereitet und mit Job, Unternehmen und Branche beschäftigt hat.

7. Gesprächsabschluss
Das Finale eines Bewerbungsgesprächs ist so etwas wie das Sammel- und Auffangbecken für all jene Punkte, die bis dato entweder überhaupt nicht oder nur ansatzweise angetickt wurden. Das gilt für die kleinen ebenso wie die großen Details, vom Einstiegstermin bis zum Abgleich der Gehaltsvorstellungen. Übereinstimmungen erzielen, weitere Vereinbarungen festhalten und in positiver Grundstimmung Klarheit darüber erlangen, wer wen wie und wann über seine Entscheidung informiert – dieses verbindliche Resultat sollte am Ende stehen.

Grundsätzliche Probleme bei der Interviewführung

Dieses Kapitel handelte bisher vor allem davon, was Sie als Führungskraft an Voraussetzungen für ein aus Ihrer Perspektive zielführendes Interview schaffen können. Lassen Sie uns für einen Moment die Seiten wechseln, uns also in die Rolle des Interviewten versetzen, und wir werden feststellen: Sie können noch so gut vorbereitet sein und werden dennoch in vielen Gesprächen das Gefühl haben, den Bewerber nicht ohne weiteres dingfest machen zu können. Das ist völlig normal, denn als Interviewer müssen Sie mit zwei Dilemmata leben:

1. Ein Bewerber stellt seine Sicht der Dinge dar. Entspricht die Darstellung der Realität oder blufft er? Der Interviewte ist in der Regel natürlich darum bemüht, so zu antworten, dass man als Interviewer ein möglichst gutes Bild gewinnt. Er wird versuchen, die Kontrolle über das Gespräch zu behalten, also eine passende Antwort parat zu haben beziehungsweise nur das preiszugeben, was er auch preisgeben will. Und das kann mehrerlei bedeuten: Sie müssen zum Beispiel damit rechnen, dass Ihr Gegenüber bestimmte Punkte verschweigt, zu positiv zeichnet (also besser darstellt, als es die Realität hergibt) oder Ihnen schlichtweg etwas vorsetzt, das nicht der Wahrheit entspricht.

2. Der Bewerber präsentiert Ihnen Erfolgsgeschichten. Sind diese Beispiele typisch für den Bewerber oder nur Einzelfälle? Gehen Sie davon aus, dass sich Bewerber Beispiele für Erfolgsgeschichten aus ihrer Biografie zurechtlegen, Belege dafür, dass sie den Anforderungskriterien entsprechen. Das ist legitim, das gehört zu einer guten Vorbereitung. Nur: Wie repräsentativ sind diese Beispiele? Ist das, was am Einzelfall illustriert (und aus Ihrer Sicht durchaus glaubwürdig und überzeugend dargestellt) wird, tatsächlich typisch für das Vorgehen und das Verhalten des Bewerbers?

Beide Dilemmata werden Ihnen als Begleiter in Ihrem Dasein als Interviewer erhalten bleiben, dafür sind sie einfach zu grundsätzlicher Natur. Gleichwohl lassen sie sich mit zunehmender Interviewerfahrung, einer Portion Interviewtechnik und dem Einsatz *situativer Übungen* gut in den Griff bekommen. Auf das Thema Interviewtechnik komme ich gleich ausführlicher zu sprechen, zuvor aber noch ein paar Erläuterungen zu dem, was mit situativen Übungen gemeint ist.

Psychologen, die sich mit Personalauswahlverfahren beschäftigen, verweisen stets darauf (und ich schließe mich dieser Empfehlung ohne jede Einschränkung an), dass jedes Einstellungsgespräch an Aussagefähigkeit gewinnt, sobald man nicht nur über Anforderungen spricht, sondern sich diese auch zeigen lässt. Der Ratschlag lautet also: Bauen Sie in das Interview, ähnlich wie bei einem Assessment-Center, kurze Rollenspiele, Fallstudien oder Aufgaben ein, anhand derer sie ausgewählte Anforderungen beobachtbar machen. Sie haben eine Assistenzfunktion in Ihrem Team zu besetzen und Anwendungssicherheit im Umgang mit den gängigen MS-Office-Programmen ist Ihnen dabei besonders wichtig? Dann spricht nichts dagegen, Zeit dafür zu reservieren, dass der Bewerber eine Präsentation in Power Point erstellt. Oder Sie simulieren, sollte es um verkäuferisches Talent gehen, ein an den Anforderungskriterien orientiertes Kundengespräch. Die Reihe möglicher Beispiele ließe sich fortsetzen. Für nahezu jede Position, unabhängig vom Komplexitätsgrad, sind solche »Arbeitsproben« konstruierbar und werden in der Tat immer öfter eingesetzt.

Vorsprung durch Technik: Die besten Interviewfragen

Offene Fragen sind das solideste und gleichsam wirksamste Mittel, um einen Gesprächspartner zum Erzählen zu animieren. Innerhalb dieser Gattung ist es vor allem die geschickte Verknüpfung aus situativen (episodischen) und selbstreflektorischen Fragen, die Ihnen bei der Bewältigung der zuvor skizzierten Dilemmata (Wahrhaftigkeit und Repräsentativität der Aussagen) hilfreiche Dienste erweist.

Situative Fragen sind Fragen, mit denen Sie wunderbar Ereignissen und Erlebnissen auf den Grund gehen können. Fragen Sie existenziell, das heißt, fragen Sie den Bewerber nach konkreten Situationen, dem darin gezeigten Verhalten und den daraus resultierenden Ergebnissen.

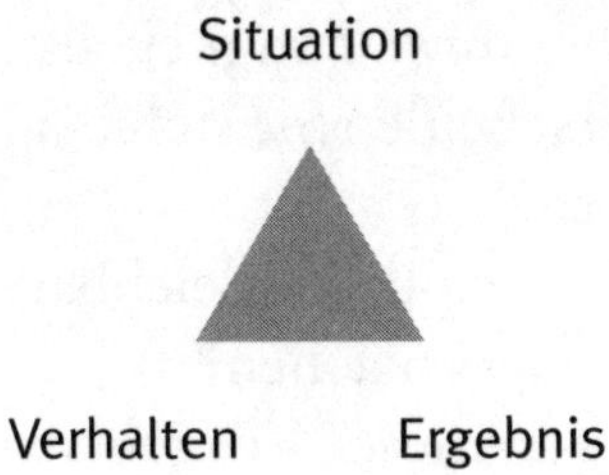

Das Fragen im so genannten »Verhaltensdreieck« hat nämlich raffinierten, weil entwaffnenden Charme. Denn Situationen sind herrlich konkrete Konstrukte. Ausweichmanöver oder abstrakte, in Beliebigkeit stochernde Antworten können sofort tiefer schürfende Folgefragen nach sich ziehen. In der Fachliteratur wird diese Fragetechnik häufig auch als STAR-Prinzip beschrieben. STAR steht für

S wie Situation	»Beschreiben Sie eine Situation, in der Sie …«
T wie Task (Aufgabe)	»Was genau war Ihre Aufgabe/Rolle?«
A wie Action (Handlung)	»Wie sind Sie vorgegangen?«
R wie Result (Ergebnis)	»Was ist dabei herausgekommen?«

Selbstreflektorische Fragen nennt man all jene Fragen – der Name sagt es –, die auf die Fähigkeit und Bereitschaft des Bewerbers abzielen, seine Biografie, seine Verhaltensweisen und seine Grundhaltungen (Motive & Einstellungen) zu hinterfragen. Selbstreflektorische Fragen sind zum Beispiel:

- Was reizt Sie besonders an ...?
- Welche Dinge haben Sie in der Vergangenheit besonders schnell gelernt?
- Was ist Ihnen bei Ihrer Tätigkeit als ... wichtig?
- Inwiefern unterscheiden Sie sich bei ... von Ihren bisherigen Kollegen?
- Was würden Sie in einer vergleichbaren Situation beim nächsten Mal anders machen?
- Was war für Sie an dieser Vorgehensweise typisch?
- Wenn Sie für sich selbst ein Förderungskonzept entwickeln sollten, was wäre für Sie dann wichtig?
- Wie gehen Sie vor, wenn ...?
- Was geht in Ihnen vor, wenn jemand das, was Sie sagen, anzweifelt?
- Was ist das größte Lob, das Sie jemals bekommen haben? Warum ist es das größte?

Eine verfeinerte Spielart der selbstreflektorischen Fragen hilft Ihnen darüber hinaus, den Bewerber zu differenzierteren Aussagen anzuleiten. Der Dreh hierbei: Bauen Sie in Ihre Fragen *Polaritäten* und *Abgrenzungen* ein. Durch eine solche Vorgabe zwingen Sie den Bewerber auf sanft-subtile Weise, mehr Schichten freizulegen. Typische Konstruktionsmuster dieser Fragetechnik sind zum Beispiel:

- Wann gelingt Ihnen ... besonders gut, wann fällt Ihnen ... schwer?
- Was können Sie in Bezug auf ... bereits gut, was nicht?
- Welche Aspekte machen Ihnen bei ... Spaß, welche empfinden Sie eher als Pflicht?
- Woran reiben sich Menschen möglicherweise bei Ihnen, was schätzt man?
- Wie weit geht für Sie berufliches Engagement, wo sind für Sie Grenzen erreicht?

Wie schon gesagt: Es ist insbesondere die Verknüpfung beider Fragearten, die interessante Ergebnisse zutage fördert. Ganz generell können Sie sich bei diesem Ping-Pong-Spiel von folgender Regel leiten lassen: Wollen Sie Kompetenzen erfassen, dann empfiehlt es sich, mit situativen Fragen zu beginnen und die Selbstreflexion obendrauf zu satteln. Das heißt: Sie bitten den Bewerber zunächst, Ihnen ein konkretes Beispiel aus seiner Biografie zu schildern, um dann in einem zweiten Schritt mit ihm zu erörtern, was die erzählte Erfahrung über ihn verrät.

Beispiel: Sie fragen nach der Verhaltenskompetenz »Konfliktmanagement«.

- Nennen Sie mir bitte eine Situation, in der Sie einen Konflikt mit anderen austragen mussten.
- Worin bestand der Konflikt genau?
- Wie haben Sie die Situation gelöst?

situativ

- Wie würde Ihr Konfliktpartner Ihr Handeln beschreiben?
- Was halten Sie dabei für typisch für Sie?

selbstreflektorisch

- Nennen Sie mir bitte auch ein Beispiel für eine Situation, in der Sie die Auseinandersetzung gemieden haben.
  (...) } **situativ**
- Was hat Sie damals gehindert, den Konflikt auszutragen?
- Was haben Sie aus der Situation für sich gelernt? } **selbstreflektorisch**

Übrigens: Beim Einbau situativer Übungen können Sie diese Regel selbstverständlich analog anwenden. Lassen Sie sich also erst die Situation aufzeigen und vertiefen Sie im Anschluss das Gesehene selbstreflektorisch. Zum Beispiel so: »Was ist Ihnen in dem Konfliktgespräch, das wir hier gerade durchgespielt haben, leicht gefallen, was schwer? Was war charakteristisch für Ihr sonstiges Verhalten in Konfliktgesprächen?«

Wollen Sie Motive & Einstellungen erfassen, gehen Sie am besten den umgekehrten Weg. Fragen Sie zunächst nach der Selbstreflexion, und lassen Sie sich diese dann durch entsprechende Beispiele belegen.

Beispiel: Sie fragen nach dem Motiv »Kundenorientierung«

- Was reizt Sie an der Tätigkeit als Kundenbetreuer?
- Bei welchen Kundentypen fällt Ihnen die Ansprache leicht? Bei welcher Art Kunden tun Sie sich schwer? } **selbstreflektorisch**

- Beschreiben Sie mir bitte eine Situation, in der Sie eine Kundenbeschwerde erfolgreich aufgefangen haben.
- Wie sind Sie vorgegangen?

} **situativ**

Vorsicht, Falle! Die häufigsten Beurteilungsfehler und die Grenzen des Fragerechts

Zum Abschluss des Kapitels über Personalauswahl möchte ich Sie noch für zwei Themen sensibilisieren, deren Kenntnis sich in vielen Unternehmen leider zumeist auf das Universum von Personalabteilungen beschränkt. Das Wissen um die Bedeutung dieser Themen steht aber jedem Interviewer zu Gesicht – ich rechne beide genauso zum Grundinventar verantwortungsvoller Führungskräfte wie die zuvor beschriebenen Aspekte des Anforderungsprofils und der Interviewführung.

Das Bild vom anderen – Wahrnehmungsverzerrer im Bewerbergespräch

Von den so genannten Urteilstendenzen sollten Sie gehört haben, weil es sich hier um recht simple Mechanismen handelt, von denen wir uns bei der Einschätzung anderer Menschen häufig allzu leichtfertig (fehl)leiten lassen. Urteilstendenzen sind Wahrnehmungsverzerrer.

Etwas überspitzt formuliert lautet die ihnen innewohnende Gefahr, dass sie das Potenzial besitzen, die Welt zu verdrehen: Im schlimmsten Fall werden geeignete Kandidaten aufgrund der selektiven Urteilstendenzen des Interviewers als ungeeignet eingestuft, ungeeignete umgekehrt als geeignet. Um diesen GAU auszuschließen, tun Sie gut daran, sich der prinzipiell gegebenen Anfälligkeit für Schubladendenken gewahr zu sein.

Implizite Persönlichkeitstheorie. Der Interviewer wendet bei seinen Beobachtungen seine eigenen (impliziten), quasikausalen Persönlichkeitstheorien an. Beispiel: »Wer einen festen Händedruck hat, ist durchsetzungsstark.« – Ziemlich gewagt, eine solche Konklusion. Und ziemlich leicht auszuhebeln: Angenommen, der Bewerber hat sich angelesen, dass man dem Interviewpartner im Bewerbungsgespräch kräftig die Hand schütteln soll. Was bliebe von der Theorie dann noch übrig?

Einfrieren des ersten Eindrucks. Der Interviewkandidat F reist morgens mit dem Auto an und erscheint verspätet und gehetzt zum Gesprächstermin. Die innere Reaktion des Interviewers: »Herr F. hält es mit Pünktlichkeit wohl nicht so genau. Das ist schlecht, denn bei uns im Haus ist Pünktlichkeit das A und O.« – Ein Beispiel, das vor allem eines vor Augen führen soll: Halten Sie sich als Interviewer mit verfrühten Schlussfolgerungen zurück. Wer weiß, vielleicht ist Herr F. im Grunde seines Herzens ein Pünktlichkeitsfanatiker. Nur ausgerechnet heute hat er verschlafen und ist auf der Autobahn in einen Stau geraten…

Überstrahlungseffekt. Eine besonders auffällige Verhaltensweise des Bewerbers überstrahlt in der Wahrnehmung des Interviewers andere Kriterien so sehr, dass diese in Vergessenheit geraten. »An Frau P. stört mich, dass sie jeden dritten Satz mit dem Füllwort ›eigentlich‹ oder einem Äh beginnt.« – Die Beobachtung an sich mag ins Schwarze treffen. Was aber, wenn Frau P.s Aussagen inhaltlich gesehen erstklassig waren und der Interviewer aufgrund seiner Fokussierung diesen Umstand völlig in den Hintergrund geschoben hat?

Vorauseilende Sympathie oder Antipathie aufgrund biografischer Parallelen. Der Interviewer hat im Lebenslauf des Bewerbers gesehen, dass beide an derselben Universität und bei demselben Professor studiert haben. Schnell wird daraus ein vorauseilender Bonus: »Wer bei H. studiert hat, hat auch einiges drauf.« Oder eben das Gegenteil: »Der Professor Z. war doch eine Pfeife. In dessen Seminaren hingen immer nur die Nieten rum.« – Als fatal erweist sich eine solche Haltung, wenn sie die Wahrheit auf den Kopf stellt. Durchaus möglich, dass der Student bei H. ein Dünnbrettbohrer ist und der bei Z. viel mehr drauf hat, als ihm der Interviewer ob seiner Einstellung (Z. = Pfeife) zutraut.

Vorauseilende Sympathie oder Antipathie aufgrund privater Interessen. Eine zweite Spielart der Bonus-/Malus-Beurteilung. Stellen Sie sich vor: Der Bewerber erzählt im Interview, dass er seit fünf Jahren Mitglied bei Bayern München ist. Als alter Bayern-Fan (oder: Bayern-Hasser) denkt sich der Interviewer entweder: »Super Typ. Mit so einem lässt es sich aushalten.« Oder aber: »Mit einem Anhänger dieses Arroganzvereins kann ich nicht arbeiten.« – Bei aller Berechtigung der schon mehrfach thematisierten Frage nach der Chemie müssen Sie als Interviewer natürlich aufpassen, dass weder Zu- noch Abneigung in Dingen, die nichts mit dem Job zu tun haben, Ihre Entscheidung über das eigentlich Relevante (= die Eignung für die zu besetzende Position) beeinflussen.

Projektion des eigenen Maßstabs. Eigene (oft sehr hohe) Ansprüche werden auch an den Interviewkandidaten gestellt. Oder: Eigene Erfahrungen werden auf die heutige Situation übertragen. Zum Beispiel so: »Wer bei mir im Team für internationale Kunden verantwortlich sein will, muss sich erst mal drei Jahre im nationalen Geschäft bewähren. Als ich damals angefangen habe, war das auch so.« – Aufgepasst: Wer als Interviewer seine Sicht der Dinge zum Maßstab erklärt, sollte auch die Größe haben, diesen von Zeit zu Zeit hinsichtlich Stimmigkeit und Realitätsnähe zu überprüfen.

Sich selbst erfüllende Prophezeiung. »Hamburger sind versnobt.« – Wenn ein Interviewer mit einer solchen Grundhaltung in ein Gespräch mit einem Bewerber aus Hamburg geht, wird er selbstverständlich all die Dinge wahrnehmen, die seine Vorannahme, seine Vorstellung eines Snobs aus Hamburg bestätigen. Das Phänomen der sich selbst erfüllenden Prophezeiung ist wie ein Blick in den Spiegel. Das Urteil über den anderen fällt auf einen zurück. Es verrät viel Spannendes über die ureigenen Vorurteile und Stereotype.

Erlaubt oder unerhört: Grenzen des Fragerechts

Feingespür sollten Sie auch für die Grenzen des Fragerechts aufbringen. Seien Sie sich bewusst, dass eine Reihe von Fragen als *unzulässig* gilt, weil sie mit dem Schutz des Persönlichkeitsrechts (»informationelle Selbstbestimmung«) kollidieren. Dieser Rechtsschutz hat für Bewerbungsverfahren im Allgemeinen und Einstellungsinterviews im Besonderen interessante Konsequenzen: Bei unzulässigen Fragen dürfen Bewerber wahrheitswidrig antworten, ohne dass »Falschaussagen« rechtliche Konsequenzen hätten. Unzulässig sind Fragen nach

- **Partei-/Religionszugehörigkeit** (Ausnahme: Bewerbung bei so genannten Tendenzbetrieben, zum Beispiel kirchlichen Einrichtungen oder parteipolitisch gebundenen Verlagen)
- **Vorstrafen** (Ausnahme: Frage nach einschlägigen Vorstrafen ist dann zulässig, wenn sie in unmittelbarem Bezug zum Arbeitsverhältnis steht. Beispiel: Kraftfahrer wird nach Vorstrafen wegen Verkehrsdelikten gefragt)
- **Schwangerschaft**
- **Aids** (Ausnahme: Die Frage nach »einer akuten Aids-Erkrankung, dem Auftreten des Aids-Vollbildes«, ist erlaubt)
- **Schulden/Vermögensverhältnissen** (Ausnahme: Bewerbungen für Positionen »in einem besonderen Vertrauensverhältnis«, wenn zum Beispiel die Gefahr der Bestechung oder des Geheimnisverrats besteht)
- **Betriebsratsamt**

Bei den *zulässigen* Fragen – per definitionem alle Fragen, die für den angestrebten Arbeitsplatz von Relevanz sind – verhält es sich anders. Hier müssen Bewerber wahrheitsgemäß antworten. Werden »Täuschungsmanöver« aufgedeckt, kann der Arbeitgeber den Arbeitsvertrag anfechten. Zulässig sind Fragen nach

- **beruflichem Werdegang**

- **bisheriger Gehaltshöhe** (»soweit für die zu besetzende Position relevant«: Um arbeitsrechtlich betrachtet auf Nummer sicher zu gehen, behilft man sich auf Arbeitgeberseite in der Regel damit, nur nach der Gehaltsvorstellung zu fragen.)
- **Krankheiten** (»soweit sie für die Einsatzfähigkeit in der zu besetzenden Position relevant sind«)
- **Schwerbehinderteneigenschaft**
- **Zugehörigkeit zu Scientology**
- **Pflicht zu Wehr-/Zivildienst**

4. Schluss mit lustig: Kritik, Krisen, Konflikte – worauf es in unangenehmen Situationen ankommt

Zum Chefsein gehört Unbequemes. Wer Konfrontationen lieber aussitzt als sie aufzulösen, sollte nicht Führungskraft werden. Und wer niemandem wehtun will, erst recht nicht.

Ich gehe davon aus, dass ich Ihnen in diesen ersten drei Sätzen nichts Verwunderliches serviere. Für diese Einsichten bräuchten Sie kein Buch zu lesen. Und keine dieser Aussagen wird Ihnen vorab einen solchen Schrecken einjagen, dass Sie es sich mit Ihrem ersten Führungsjob noch einmal grundsätzlich überlegen. Aber: Sich von der Aussicht auf Ungemach nicht einschüchtern zu lassen ist nur eine Seite der Medaille. Aus eigener Anschauung zu erleben, was es heißt, wenn tatsächlich Schluss mit lustig ist, ist die andere. Ich sage das so zugespitzt, weil die Konfrontation mit den unausweichlichen Unannehmlichkeiten zum ultimativen Eignungstest Ihrer Führungstauglichkeit wird. Ungeschönte Kritik üben und Sanktionen verhängen, bittere Botschaften überbringen und Arbeitsbeziehungen beenden, in Konflikten schlichten und mit den Muskeln spielen: Um all diese Tätigkeiten rankt sich das Unbequeme des Chefseins. Und wahrscheinlich muss man durch jedes einzelne dieser Fegefeuer gegangen sein, um die letzte Gewissheit darüber zu erlangen, ob man sich mit dem Abenteuer Führung auf Dauer anfreunden kann.

Noch eines muss Ihnen klar sein: Die Konfrontation

mit den schwierigen Situationen Ihres Führungsjobs bedeutet eine Form von Stress. Nicht immer, aber häufig genug. Nehmen wir, um die Art der Belastung an einem gravierenden Beispiel plastisch zu machen, folgende Situation an: Sie müssen einem Mitarbeiter sagen, dass es keine Verwendung mehr für ihn gibt. Aufgrund der Tatsache, dass eine Stelle in Ihrem Team den Sparmaßnahmen Ihres Unternehmens zum Opfer fällt, sortieren Sie nun ihn, den nach Ihrer Meinung Leistungsschwächsten, aus. Einem meiner Kollegen ist es in ebendieser Situation passiert, dass der Betroffene in Tränen ausbrach und ihm vorwarf, soeben seine Existenz zerstört zu haben. So etwas gilt es erst einmal wegzustecken.

Wie man als Führungskraft eine solche Begebenheit mit sich ausmacht, wie man sie verarbeitet, ist eine sehr persönliche Angelegenheit; nach meinem Dafürhalten zu persönlich, um jemanden in gedruckter Form mit individuell verwertbaren Empfehlungen ausstatten zu können. Aber ähnlich wie beim Kapitel über Personalauswahl ist es beim Thema »Kritik, Krisen und Konflikte« unerlässlich, ein gewisses Rüstzeug zu kennen und dieses mit jedem neuen Erfahrungszuwachs noch bewusster anzuwenden. Folgende Punkte möchte ich Ihnen deshalb in diesem Kapitel nahe bringen:

- In den Grundlagen des Arbeitsrechts zu Hause sein.
- Regeln beherzigen, die ein Kritikgespräch konstruktiv machen.
- Wissen, welche Hebel zu bedienen sind, um einen Mitarbeiter zu einer Verhaltensänderung zu bewegen.
- Trennungsentscheidungen aufrichtig kommunizieren.
- Das Spektrum an Entscheidungsmöglichkeiten in Teamkonflikten mit Augenmaß einsetzen.

Von A wie Abmahnung bis W wie Weisung: Alles, was Sie über Arbeitsrecht wissen sollten

Beginnen wir mit einem kleinen Parforce-Ritt in Sachen Arbeitsrecht. Sie müssen sich darin zwar nicht im Stil eines Experten vergraben, andererseits sollten Sie aber die Basics jederzeit abrufbereit gespeichert haben.

Nachstehend finden Sie die wichtigsten Themenkreise des Arbeitsrechts in einer Überblickstabelle. Etwas ausführlicher behandle ich im Anschluss die Aspekte, die für Ihre Aufgabe am sensibelsten sind: Disziplinarmaßnahmen und Kündigungsgründe sowie den Aufhebungsvertrag.

Arbeitsrecht im Überblick – Was Sie beachten müssen

Fragerecht des Arbeitgebers	Unterscheidung zwischen zulässigen und unzulässigen Fragen (siehe Kapitel 3, Seite 106–108)
Urlaubsanspruch (= »Erholungszeit bei gleichzeitiger Lohnfortzahlung«)	Anspruch nach Bundesurlaubsgesetz: 24 Tage im Jahr bei Sechs-Tage-Woche, 20 Tage bei Fünf-Tage-Woche. Je nach Branche/Unternehmen eventuell mehr aufgrund Tarifvertrag oder individuellem Arbeitsvertrag. Tage der Arbeitsunfähigkeit werden nicht angerechnet. Erwerbstätigkeiten, die dem Zweck des Urlaubs (Erholung!) widersprechen, sind während des Urlaubs nicht erlaubt.

Teilzeitanspruch	Gemäß Teilzeit- und Befristungsgesetz haben alle Arbeitnehmer Anspruch auf Teilzeitarbeit (gilt für Betriebe mit mehr als 15 Mitarbeitern, wobei der Arbeitsvertrag länger als sechs Monate bestehen muss), sofern keine gravierenden betrieblichen Gründe dagegen sprechen (zum Beispiel Verursachung unverhältnismäßiger Kosten, wenn kein Mitarbeiter zum Ausgleich der dann fehlenden Stunden gefunden werden kann).
Entgeltfortzahlung im Krankheitsfall	Anspruch entsteht für die Dauer der Erkrankung, maximal aber für sechs Wochen (danach Krankengeld durch Krankenkasse). Die Pflicht zum Nachweis einer ärztlichen Arbeitsunfähigkeitsbescheinigung besteht ab dem vierten Tag (Wochentag, nicht Arbeitstag) der Erkrankung. Bei Verdacht des Missbrauchs ist es möglich, eine Arbeitsunfähigkeitsbescheinigung schon früher (meist bereits ab dem ersten Tag der Erkrankung) zu verlangen.
Arbeitsschutzrecht (insbesondere aufgrund Arbeitszeitgesetz)	Die regelmäßige tägliche Arbeitszeit beträgt acht Stunden. (Ausgehend von einer Sechs-Tage-Woche darf die wöchentliche Arbeitszeit in der Regel daher maximal 48 Stunden nicht überschreiten. Befristete Ausdehnungen der täglichen Arbeitszeit auf zehn Stunden sind aber möglich.) Für jugendliche Arbeitnehmer gelten Sondervorschriften, wöchentlichen Arbeitszeitszeit zum Beispiel hinsichtlich Ruhepausen. Vorschriften des Arbeitszeitgesetzes

	werden durch die Gewerbeaufsichtsämter überwacht. Verstöße stellen Ordnungswidrigkeiten dar, die mit – vom Arbeitgeber zu tragenden! – Bußgeldern belegt werden können.
Weisungsrecht (Direktionsrecht)	Grundsätzlich hat der Arbeitgeber das Recht, die »Leistungspflicht« des Arbeitnehmers nach Art, Ort und Zeit der Leistung näher zu bestimmen (unter Beachtung eventueller Mitbestimmungsrechte des Betriebsrats und der Grenzen, die unter anderem durch Arbeitszeitgesetz, Tarifvertrag und Betriebsvereinbarungen gesteckt werden). Beispiele: • Art: Weisung hinsichtlich des Arbeitsverhaltens (Kleiderordnung, Aufforderung, Aufgaben anders zu gewichten) • Ort: Versetzung an einen anderen Arbeitsplatz • Zeit: Anordnung von Mehrarbeit, andere Verteilung der Arbeitszeit bei Teilzeit Das Direktionsrecht muss »im Rahmen der Zumutbarkeit« und unter Abwägung der beiderseitigen Interessen von Arbeitgeber und Arbeitnehmer ausgeübt werden. (So wird zum Beispiel die Anordnung von Mehrarbeit bei Müttern, die ihre Kinder zu bestimmten Uhrzeiten vom Kindergarten abholen müssen, als unzumutbar angesehen. Gleiches gilt für die Versetzung an einen anderen Arbeitsort, wenn der Weg zur Arbeit hin und zurück mehr als zweieinhalb Stunden in Anspruch nimmt.)

Hier gilt das Prinzip der Verhältnismäßigkeit. Es soll »nicht mit Kanonen auf Spatzen geschossen«, sondern stets das dem Fehlverhalten angemessene Mittel gewählt werden. In der Reihenfolge »von leicht nach schwer« wird unterschieden in Kritikgespräch, Ermahnung, Abmahnung und Kündigung; diese stellt demnach immer das letzte und äußerste Mittel dar, um auf die Nichterfüllung einer Vertragspflicht zu reagieren.

Obgleich es keine arbeitsrechtlichen Konsequenzen hat, ist das **Kritikgespräch** das wohl wichtigste Instrument Ihres »disziplinarischen Arsenals«. Mit einem Kritikgespräch thematisiert ein Vorgesetzter sachlich und offen, dass er mit dem (Leistungs-)Verhalten eines Mitarbeiters nicht zufrieden ist. Oder besser gesagt: Er sollte es tun. Leider trägt die Realität häufig eher Züge einer diffusen Mischung aus wechselseitiger Anklage und Rechtfertigung. Damit Sie erst gar nicht in diese Verstrickung geraten, widmen wir uns dem Kritikgespräch im nächsten Abschnitt im Detail.

Mit einer **Ermahnung** rügen Sie ein noch nicht allzu gravierendes Fehlverhalten. Am besten sollte sie schriftlich erfolgen, das Fehlverhalten des Mitarbeiters genau darstellen und ihn auffordern, dieses Fehlverhalten in Zukunft zu unterlassen.

Die Ermahnung ist wie ein erster Schuss vor den Bug, ein Knall zum Wachrütteln des betroffenen Mitarbeiters. Sobald Sie sich gezwungen sehen, eine **Abmahnung** auszusprechen, ist klar: Der Mitarbeiter hat den Schuss nicht gehört oder hören wollen. Die Abmahnung hat die Funktion einer hinreichend deutlichen Drohgebärde. Mit einer

Abmahnung missbilligt der Arbeitgeber ein Fehlverhalten unter Androhung konkreter Rechtsfolgen (Kündigung), sofern sich das beanstandete Verhalten nicht ändert. Das wiederum bedeutet: Sie können einen Mitarbeiter nicht für ein Fehlverhalten abmahnen und ein paar Wochen später für genau dieses »Delikt« noch die Kündigung hinterherschießen. Kündigen können Sie erst im Wiederholungsfall.

Eine Abmahnung ist erforderlich bei Verstößen gegen arbeitsvertragliche Pflichten im Leistungsbereich. Entbehrlich ist sie hingegen ausnahmsweise bei schweren Verstößen im Vertrauensbereich, insbesondere Diebstahl, Unterschlagung, Betrug. In diesen Fällen kann der Arbeitgeber kündigen, ohne zuvor eine Abmahnung ausgesprochen zu haben. Aus Beweisgründen sollten Sie für eine Abmahnung unbedingt die Schriftform wählen und das Abmahnungsschreiben gegen Empfangsbestätigung unter Angabe des Datums aushändigen lassen. Auch der Gegencheck mit der Rechtsabteilung Ihres Unternehmens ist prinzipiell angebracht, denn eine fehlerhafte Abmahnung führt zur Unwirksamkeit einer späteren verhaltensbedingten Kündigung. Mit welcher Unmissverständlichkeit Sie beim Formulieren einer sattelfesten Abmahnung zu Werke gehen müssen, illustriert nachstehende Vorlage aus meiner Branche.

Abmahnung
(Betreffzeile sollte diesen Begriff enthalten)

(Genaue und korrekte Darstellung des abmahnungsrelevanten Sachverhalts:)
Wie mit Ihnen besprochen, liegt uns eine schriftliche Beschwerde unserer ehemaligen Kundin (...) vor. Danach haben Sie die Kundin, die Ihnen am (...) den telefonischen Auftrag erteilt hat, einen Betrag von (...) Euro für einen Zeitraum von (...) Monaten als Festgeld anzulegen, dahingehend bedient, dass Sie den Betrag mit Valuta (...) auf das Sparbuch von (...) eingezahlt haben. Die Kundenverbindung ist daraufhin aufgelöst worden. Sie sind damit Ihrer Verpflichtung, nur Geschäfte zu tätigen, die den Wünschen der Kunden entsprechen, nicht hinreichend nachgekommen und haben die arbeitsvertragliche Pflicht, die Ihnen übertragenen Aufgaben ordnungsgemäß zu erfüllen, verletzt.
(Deutliche Rüge des Fehlverhaltens und Aufforderung zum vertragsgerechten Verhalten in der Zukunft:)
Wir missbilligen Ihr Verhalten auf das Schärfste und fordern Sie mit Nachdruck auf, in Zukunft Ihren arbeitsvertraglichen Pflichten nachzukommen.
(Eindeutige Darstellung der Konsequenzen im Wiederholungsfall:)
Vorsorglich machen wir Sie darauf aufmerksam, dass wir Ihr Arbeitsverhältnis bei einem erneuten Verstoß gegen Ihre Pflichten am Arbeitsplatz, auch wenn es sich um eine nicht völlig gleich gelagerte Verfehlung handeln sollte, kündigen werden.

Kommen wir zum unschönsten Teil dieses Streiflichts über Arbeitsrecht, dem Thema **Kündigung**. Nach dem Kündigungsschutzgesetz muss eine Kündigung (in Unternehmen mit mehr als fünf Arbeitnehmern, wenn das Arbeitsverhältnis länger als sechs Monate besteht) sozial gerechtfertigt sein; das heißt, die Kündigung muss im Verhalten, in der Person oder in betrieblichen Erfordernissen begründet sein. Dabei ist zu berücksichtigen, dass für verschiedene Arbeitnehmergruppen (etwa Frauen während des Mutterschutzes, Arbeitnehmer in Erziehungsurlaub/Elternzeit, Wehrpflichtige/Zivis während ihrer Dienstzeit) ein besonderer Kündigungsschutz besteht. Außerdem muss in Unternehmen mit Betriebsrat dieser angehört werden; ohne ordnungsmäßige Anhörung ist die Kündigung unwirksam. Der Betriebsrat hat mehrere Reaktionsmöglichkeiten (Zustimmung, Widerspruchsrecht), eine Kündigung kann er aber im Endeffekt nicht verhindern.

Eine Kündigung muss – unter Beachtung der Kündigungsfristen – schriftlich erfolgen und ihr Zugang bei dem betroffenen Arbeitnehmer sichergestellt sein. Der Gekündigte kann die Rechtmäßigkeit der Kündigung durch ein Arbeitsgericht überprüfen lassen. Seine Klage muss er innerhalb von drei Wochen nach Zugang erheben, andernfalls gilt die Kündigung als sozial gerechtfertigt, gleichgültig ob sie es tatsächlich ist oder nicht.

Typische **verhaltensbedingte Kündigungsgründe** sind *Arbeitspflichtverletzungen* (zum Beispiel Arbeitsverweigerung, wiederholte Verspätungen, »Schlecht- oder Minderleistung«), *Pflichtverletzungen in Zusammenhang mit Krankheit* (Verletzung der Anzeigepflicht, Vortäuschen einer Krankheit etc.) und *Verletzungen ver-*

traglicher Nebenpflichten (etwa Annahme von Schmiergeldern oder Konkurrenztätigkeit). Beachten Sie dabei, dass einer verhaltensbedingten Kündigung grundsätzlich eine Abmahnung vorausgegangen sein muss! Zudem ist das Prinzip der Interessenabwägung zu wahren: Unter Berücksichtigung der »im konkreten Fall schutzwürdigen Arbeitnehmerinteressen« (wie Dauer des beanstandungslosen Verhaltens, Betriebszugehörigkeit und Alter des Betroffenen) ist zu prüfen, ob die Beeinträchtigung des Arbeitgebers so vehement ist, dass sein Kündigungsinteresse überwiegt; in der Auslegung ist genau das meistens der Fall, sprich dem Arbeitnehmer wird gekündigt.

Personenbedingte Kündigungsgründe sind insbesondere häufige Kurzzeiterkrankungen (Richtschnur: ca. 25 bis 30 Prozent Fehlzeiten in den letzten zwei bis drei Jahren mit steigender Tendenz), Langzeiterkrankung (Richtschnur: ca. anderthalb bis zwei Jahre) und dauernde krankheitsbedingte Leistungsminderung. Der Sachverhalt der Kündigung muss dabei grundsätzlich in drei Stufen geprüft werden: Ist eine negative Gesundheitsprognose gegeben? Sind die betrieblichen Interessen erheblich beeinträchtigt? Ist das Prinzip der Interessenabwägung gewahrt?

Was in der Sprache der Juristen als Voraussetzung **betriebsbedingter Kündigungen** so nüchtern und technokratisch daherkommen muss – »Die Beschäftigungsmöglichkeit am ursprünglichen Arbeitsplatz muss aus inner- oder außerbetrieblichen Gründen entfallen sein« –, ist in der Wirklichkeit das emotional aufgeladene Schreckensszenario schlechthin. Wer es nicht in seinem eigenen Unternehmen erlebt hat, kennt es aus den Medien oder weiß von Bekannten und Freunden, denen betriebsbedingt gekündigt wurde oder die sich mit dem Gedanken beschäftigen müssen, dass es sie erwischen kann.

Lassen wir an dieser Stelle die Emotionen außen vor, konzentrieren wir uns auf das Faktische. Festzuhalten ist, dass Geschäftsleitung und Betriebsrat in der Regel bemüht sind, betriebsbedingte Kündigungen zu vermeiden. Betriebsbedingte Kündigungen stellen die Ultima ratio des Personalabbaus dar und ihre Prüfung ist ein arbeitsrechtlich aufwändiger Prozess, der in drei Schritten vonstatten geht.

Erstens: Der ursprüngliche Arbeitsplatz fällt weg (zum Beispiel aufgrund Auftragsmangel, Umorganisation oder Rationalisierungsmaßnahmen). Dabei gilt das Prinzip der freien Unternehmerentscheidung: Dem Arbeitgeber bleibt es demnach unbenommen, aus Gründen, »die in seinem Belieben stehen«, den Betrieb so umzustrukturieren, dass es zum Wegfall von Arbeitsplätzen kommt. Vom Arbeitsgericht darf diese Unternehmerentscheidung nur dahingehend untersucht werden, ob sie unsachlich, unvernünftig oder willkürlich war.

Zweitens: Eine betriebsbedingte Kündigung ist nur dann möglich, wenn der Arbeitgeber keine anderen Lösungen ausschöpfen kann, um auf »die Überkapazität an Arbeitskraft« zu reagieren. In diesem Sinn muss immer geprüft werden, ob es für den/die betroffenen Mitarbeiter andere Beschäftigungsmöglichkeiten im Unternehmen/Konzern gibt.

Drittens: Bei der Auswahl der zu kündigenden Mitarbeiter müssen soziale Aspekte ausreichend berücksichtigt werden. Im Kern geht es bei der so genannten **Sozialauswahl** darum, anhand bestimmter Kriterien (Dauer der Betriebszugehörigkeit, Lebensalter, Unterhaltsverpflichtungen) zu ermitteln, welche Mitarbeiter eine betriebsbedingte Kündigung am wenigsten hart treffen würde. Diesen wäre dann zuerst zu kündigen, wobei anzumerken ist, dass seitens des Unternehmens ein gewisser Handlungsspielraum besteht, um beispielsweise einzelne Mitarbeiter ob ihrer Tätigkeit für »unverzichtbar« zu erklären und damit aus der Sozialauswahl herauszunehmen. Anhand der Kriterien sehen Sie aber, warum betriebsbedingte Kündigungen vor allem für junge Mitarbeiter zu einem Damoklesschwert werden. Wenn es Spitz auf Knopf geht, sind sie oft die Ersten, die gehen müssen.

Der Aufhebungsvertrag

Unter einem Aufhebungsvertrag versteht man die einvernehmliche Beendigung des Arbeitsverhältnisses zwischen Arbeitgeber und Arbeitnehmer. Wirksam ist ein solcher Vertrag nur, wenn er schriftlich abgeschlossen wird.

Dass Aufhebungsverträge im *gegenseitigen Einvernehmen* geschlossen werden, ist in der Praxis häufig nicht mehr als ein Euphemismus – eine arbeitsrechtlich korrekte Floskel, die herangezogen wird, um die Trennungsgründe im konkreten Einzelfall sanft zu ummänteln. Nicht selten reduziert sich die Einvernehmlichkeit allein darauf, eine ausreichend hohe Abfindungssumme zu vereinbaren und damit Zankereien und Komplikationen, die mit einer »Einigung vor Gericht« verbunden wären, von vornherein auszuschalten. Darüber hinaus sind Aufhebungsverträge ein unverzichtbares Instrument, um in schwierigen Zeiten Personal abzubauen und gleichzeitig betriebsbedingte Kündigungen abzuwenden: Das Unternehmen bietet eine Aufhebung des Vertrags in Verbindung mit einer Abfindungszahlung an und kompensiert auf diese Weise den Verlust des Arbeitsplatzes. Im Aufhebungsvertrag sollte dementsprechend deutlich zum Ausdruck kommen, dass »das Arbeitsverhältnis auf Veranlassung des Arbeitgebers zur Vermeidung einer ansonsten unumgänglichen ordentlichen betriebsbedingten Kündigung« beendet wird. Aus Sicht des betroffenen Arbeitnehmers ist dieser Vertragspassus deshalb so wichtig, weil das Arbeitsamt ansonsten eine Sperrzeit für den Bezug von Arbeitslosengeld verhängen kann.

Schimpfen mit Verstand: Kritikgespräche, konstruktiv geführt

Kritik ist wichtig. Um sich zu verbessern und zu entwickeln. Kritik ist notwendig. Um unerwünschte Auswirkungen zu vermeiden. Hört sich gut an, klingt vernünftig. Warum reagieren Menschen auf Kritik dann aber so oft mit jeder erdenklichen Spielart der Ablehnung? Schmollen, Rechtfertigung, Konfrontation, Rachegelüste. Hand aufs Herz, das kennt jeder von sich selbst. Irgendwie scheinen theoretische Erkenntnis und menschliche Natur da auseinander zu klaffen.

Im Folgenden werde auch ich Ihnen kein omnipotentes Rezept für Ihre Aufgabe als kritischer Begleiter Ihrer Mitarbeiter präsentieren können. Eine Suggestionsmethode, die sicherstellt, dass Kritik ihren Adressaten erreicht und in einer Verhaltensänderung fruchtet, existiert nicht. Dafür sind die Verarbeitungskanäle und Wahrnehmungsfilter der Menschen zu vielschichtig. Ein paar technische Regeln für die Erfolgsaussichten eines Kritikgesprächs gibt es aber allemal, ebenso wie eine Reihe kapitaler Schnitzer. Und mit denen möchte ich starten.

Was Sie tunlichst meiden sollten

Generalisierungen. Vielleicht der schlimmste Patzer überhaupt – seinem Mitarbeiter sagen, wie er ist. »Sie sind ein Zauderer. Sie wirken noch so jugendlich, ein bisschen mehr Pepp stünde Ihnen gut.« Charakterliche Pauschalurteile (ganz gleich, ob sie harmlos gemeint sind oder eine subtile Provokation mitschwingt) werden vom Adressaten fast immer als plump und anmaßend wahrgenommen. Und oft genug als verletzend.

Killerphrasen. Alle Kommentare, die sich vernichtend, moralisierend, demütigend, dramatisierend oder gekünstelt gebärden, gehören auf den Index. Selbst wenn es bei dem ein oder anderen Mitarbeiter schwer fallen mag, sich eine Bemerkung zu verkneifen – denken Sie daran, dass Professionalität und guter Stil immer auch eine Frage der Disziplin sind. Üben Sie sich in freiwilliger Selbstzensur, denn mit den folgenden Einlassungen betreten Sie die Tabuzone und diskreditieren sich dabei nur selbst.

Schimpfen ohne Verstand – Kommentare, die Ihnen nicht herausrutschen sollten:

Anklagen: *Das ist allein Ihre Schuld.*
Ironie: *Bravo. Schöner hätte man diese Sache nicht in den Sand setzen können.*
Etikettierungen: *Da kommt der Umstandskrämer in Ihnen durch, nicht wahr?*
Übertreibungen: *So einen Blödsinn habe ich in den letzten zehn Jahren nicht gehört.*
Verweis auf Dritte: *Mein Vorgänger hat mich schon vor Ihren Zickenanfällen gewarnt.*
Unterstellungen: *Immer wenn es eng wird, tauchen Sie ganz schnell ab.*
Alte Geschichten: *Ich erinnere nur daran, dass die Fehlschläge bei den letzten beiden Geschäften auf Ihre Kappe gingen.*
Beleidigungen: *Weicheier haben in dem Job nichts verloren.*
Drohungen: *Wenn Sie Ihr Verhalten nicht auf der Stelle ändern, kann ich für nichts garantieren.*

Konfliktvertagung. Ein Kritikgespräch vor sich herschieben, es bis Ultimo hinauszögern, weil Kritik zu üben nun mal keinen Spaß bereitet: Ich hoffe, Sie stimmen mir zu, dass Führungskräfte, die ein solches Vermeidungsverhalten praktizieren, ein gewichtiges Rollenproblem mit sich herumschleppen.

Halbherzigkeit. Zunächst ein bisschen plauschen (»Wie läuft es mit Ihrem Projekt?«), dann eine Nettigkeit platzieren (»Kompliment für die gelungene Veranstaltung letzte Woche«) und erst nach ausgedehntem Vorspiel den eigentlichen Anlass des Gesprächs aus dem Zylinder zaubern (»Übrigens, da wäre noch was. Der Grund, warum ich Sie heute zu mir ins Büro gebeten habe, ist ...«) – Führungskräfte, die in Kritikgesprächen die Taktik des sanften Angleitens wählen, schießen in der Regel ein veritables Eigentor. In Watte verpackt neigt Kritik zum Verpuffen. Der Empfänger nimmt die Botschaft dann nicht in aller Deutlichkeit wahr, sondern nur in abgemilderter, leicht verdaulicher Dosierung: *Ist offenbar alles halb so wild. Der Chef hat mir ja zu Beginn ein paar nette Sachen gesagt.*

Inkonsequenz. Die Schilderung des Kritikanlasses ist nur die halbe Miete. Scharf im Sezieren des Tatbestands, aber vage in der Verankerung von Konsequenzen, Maßnahmen, Sanktionen oder Lösungen – ein Kritikgespräch, das den Weg nicht zu Ende geht, ist nicht stringent. Und wie im Punkt zuvor wird hier letztlich nur Halbherzigkeit kultiviert. Frei nach dem Motto: Gut, dass wir darüber gesprochen haben.

Die wichtigsten Regeln, um Kritik konstruktiv zu gestalten

Wechseln wir die Spur, schauen wir nach den Kardinalfehlern auf die Kardinaltugenden. Konstruktive Kritik ist die gewissenhafte Anwendung eines kleinen Sets von Feedbackregeln. Sie schimpfen mit Verstand, wenn Sie sich diesen Punkten verschreiben:

Konstruktive Kritik ist immer **anlassbezogen**. Sie basiert auf wahrnehmbaren Ereignissen und Situationen (zum Beispiel einer Kundenbeschwerde, einem Streit mit einem Kollegen oder auf vereinbarter, aber nicht erbrachter Leistung), und sie ist an das konkrete Verhalten in diesem spezifischen Kontext geknüpft. Und nur weil sie so stark im Konkreten verwurzelt ist, kann verhindert werden, dass der Kritisierte das Feedback »persönlich nimmt«. (Er mag es dennoch tun. Nur haben Sie Ihrerseits dann das Nötige getan, um diesem Eindruck keinen Vorschub zu leisten.)

Konstruktive Kritik ist immer **zeitnah**, unmittelbar dran am jeweiligen Anlass. Warten Sie nicht auf das Zielgespräch, das zwei Monate später stattfindet. Der Kritisierte wird denken, dass Sie Munition gesammelt haben, um eine größere Rechnung zu präsentieren. Oder er wird mit Ihnen streiten, ob das »damals« wirklich so war, wie Sie es jetzt darstellen.

Konstruktive Kritik äußert sich immer in der **Ich-Form** (kein Verschanzen hinter dem abstrakten »wir« oder dem unpersönlichen »man«) und vermeidet relativierende Worthülsen wie »eigentlich«, »vielleicht«, »im Prinzip«. Die Ich-Form ist ehrlich und authentisch, das Weglassen der Füllwörter zwingt zur Klarheit der Aussagen. Sie werden erleben, dass beide Prinzipien problemlos in Fleisch und Blut übergehen. Sie müssen nur beginnen, konsequent auf ihre Einhaltung zu achten.

Konstruktive Kritik offenbart sich immer auch in der **nonverbalen Kommunikation**, in Mimik und Gestik. Aufmerksames Zuhören, Augenkontakt und zugewendetes Sitzen sollten für den Feedbackgeber ebenso selbstverständlich sein wie die Vermeidung von Respektlosigkeiten (zum Beispiel die Augen wegdrehen, sich zurücklehnen, die Hände vor dem Oberkörper verschränken).

Konstruktive Kritik **trennt immer sauber zwischen Wahrnehmung/Beobachtung, Interpretation und Gefühlen.** Diese Struktur ist ein Signal für Fairplay und Transparenz. Sie outen sich dem Empfänger Ihrer Kritik und geben ihm die Chance nachzuvollziehen, wie sein Verhalten bei Ihnen ankommt. Gehen Sie bei der Formulierung Ihrer Kritik daher in erkennbaren Sinnabschnitten vor:

Zunächst heißt das: Ran an den Tatbestand. Beschreiben Sie Ihre Wahrnehmung/Beobachtung. »Ich hatte in den letzten zehn Tagen vier Kundenbeschwerden. Jedes Mal wurde mir gesagt, Sie seien am Telefon kurz angebunden, unfreundlich und unkonzentriert gewesen.«

Teilen Sie Ihre Interpretation auch als Interpretation mit. »Ich kann mir vorstellen, dass manche Kunden anstrengend sind und Sie sich gerade jetzt ziemlich unter Druck fühlen, weil Sie die Urlaubsvertretung für Frau M. übernommen haben.«

Sprechen Sie Gefühle, die aus Ihrer Interpretation folgen, aus. »Nichtsdestotrotz ärgern mich solche Beschwerden gewaltig. Auch wenn es stressig zugeht, wir sind nun mal eine Dienstleistungsabteilung und werden an der Qualität unserer Telefonberatung gemessen. Und das jeden Tag aufs Neue.«

Zeigen Sie mögliche oder tatsächliche Folgen auf. »Ich möchte nicht, dass die anderen aus dem Team irgendwann zu mir gelaufen kommen, weil ihnen solche Beschwerden über Sie zugetragen werden. Mit Ihrem Verhalten schaden Sie nicht nur sich, sondern fügen außerdem dem guten Ruf unseres Teams Schaden zu.«

Und vergessen Sie nie, Ihre Erwartungshaltung zu präzisieren. »Daher meine klare Bitte an Sie: Bemühen Sie sich auch bei anstrengenden Kunden um Freundlichkeit. Nehmen Sie die Anfragen in aller Ruhe auf, halten Sie sich an die Servicestandards, die wir bei unseren internen Telefontrainings besprochen und geübt haben.«

Ich habe für dieses Buch mit Jung-Chefs gesprochen, die bereits einige Kritikgespräche unterschiedlichen Kalibers auf dem Buckel haben. Alle haben bestätigt, was sich mit meiner eigenen Erfahrung deckt: Das Verinnerlichen und Befolgen der Feedbackregeln zählt zu den wichtigsten Lernfeldern einer Führungskraft,

- weil sie sich nicht nur für offenkundig schwierige Gespräche eignen, sondern ebenso, um Lob und Anerkennung direkt und ungekünstelt zum Ausdruck zu bringen.
- weil sie die passende Stilform sind, um auch Leistungsträgern Verbesserungstipps mit auf den Weg zu geben.
- weil sie dazu disziplinieren, Kritikgespräche von genau dem Moment an zu führen, da man bemerkt, dass etwas nicht läuft – und nicht erst, nachdem sich verschiedene negative Eindrücke schon abgelagert und verfestigt haben.
- weil das Warten auf Besserung, das Zurückhalten von Kritik gegenüber dem Mitarbeiter unfair ist. Ihr Schleifenlassen raubt ihm die Chance, sein Verhalten frühzeitig zu korrigieren!

Auch wenn Sie den Anfängen wehren und Kritik von Beginn an anlassbezogen und zeitnah üben, werden Sie nie ganz ausschließen können, dass sich eine Situation in dem ein oder anderen Fall hochschaukelt. Kritikgespräche, die sich zu Krisensitzungen ausweiten, sind keine Seltenheit und natürlich alles andere als ein Kinderspiel. Für Begegnungen dieser Intensität halte ich eine Terminvereinbarung mit Vorlaufzeit für dringend geboten; sagen Sie nein zur Überrumpelung, zitieren Sie Ihren Mitarbeiter nicht von jetzt auf gleich in Ihr Büro, geben Sie ihm – und sich selbst – stattdessen mindestens einen Tag zur Vorbereitung. Sie werden diese Zeit brauchen, denn in einem Kritikgespräch, das Ihnen »alles abverlangt«, haben Sie einiges aufzuarbeiten. Nachstehender Ablaufplan soll noch einmal überblicksartig skizzieren, was zu leisten ist und warum sorgfältige Vorbereitung lohnt. Die Abgrenzung der Gesprächsmodule bitte ich Sie dabei (in Analogie zum Interview-Drehbuch auf Seite 90–96) als idealtypische Abfolge zu verstehen.

Das Kritikgespräch im Ablauf

1. **Sachverhalt, Hypothesen, Gefühlslage darstellen**
   Was war wann? »Wie kommt es bei Ihnen an?«
2. **Stellungnahme des Mitarbeiters**
   Die berechtigte Replik. Seine Sicht der Dinge.
3. **Gemeinsame Ursachenforschung**
   Warum ist das so gelaufen, wie es gelaufen ist? Achtung! Nur zielführend, wenn nicht bereits im Vorfeld »platt gewalzt«.
4. **Verdeutlichung von Standpunkt, Erwartung und Konsequenzen**
   Ihre klare Ansage: »Folgende Punkte sind definitiv nicht okay, weil …«, »Was passiert, wenn …?«, »Ich erwarte, dass …«
5. **Lösungsansätze finden**
   Optimal: Sie setzen dem Mitarbeiter keine Lösungen

vor, sondern fragen ihn nach Ansätzen. Er kommt von sich aus auf Ideen.

6. **Vereinbarung treffen, Maßnahmen festhalten, Termin für Kontrollgespräch ansetzen**
   Was ist bis wann zu tun, und wie ...?
7. **Lernziel absichern**
   Haken Sie zum Abschluss durch offene Fragen noch einmal nach: »Was nehmen Sie aus diesem Gespräch jetzt mit?«, »Was passiert, wenn Sie Ihr Verhalten nicht ändern?« Akzeptieren Sie keine Antworten, die signalisieren, dass Ihr Mitarbeiter Sie noch nicht verstanden hat!
8. **(Optional) Gesprächsprotokoll anfertigen**
   Sie halten Inhalt und Ergebnis des Kritikgesprächs fest. Intention dabei: sanfter Druck. Ein Protokoll dokumentiert die Ernsthaftigkeit der Situation, ohne bereits als Ermahnung zu fungieren. Der Mitarbeiter kann mit schriftlicher Stellungnahme reagieren. Protokoll und Stellungnahme wandern in die Personalakte des Mitarbeiters.

Love it, change it or leave it: Die Veränderungsformel

Sind Führungskräfte dafür verantwortlich, ihre Mitarbeiter vom Pfad der Tugend zu überzeugen? Müssen Führungskräfte in der Lage sein, Ihre Mitarbeiter zu einer Veränderung Ihres Verhaltens zu überreden? Die kurze und schmerzlose (und vielleicht beruhigende) Antwort: ein ausdrückliches Nein. Denn Veränderung beginnt immer bei einem selbst. Gegen ihren Willen lassen sich Menschen nicht verändern. Alles, was Sie als Führungskraft tun können, so die Schlussfolgerung aus diesem Axiom der Verhaltenspsychologie, ist, ein Angebot zu unterbreiten. Ein Angebot, das darin besteht, eine alternative Sichtweise zu präsentieren, einen Bewusstmachungsprozess anzuschieben und »unter Ihrem Geleit« handfeste Vereinbarungen zu treffen.

Mit der Veränderungsformel, die ich Ihnen hier vorstelle, kann es gelingen, einen Mitarbeiter zum Umdenken zu mobilisieren, ohne ihn zu manipulieren. Die »verführerische« Qualität dieser Formel ist ihr Pragmatismus. Es geht um Nachteile, es geht um Nutzen. Beides müssen Sie Ihrem Mitarbeiter vor Augen führen, was formelhaft gesprochen Folgendes bedeutet: Ein Mitarbeiter ändert sein Verhalten nur dann, wenn er die Überzeugung gewinnt, dass die Gemengelage aus positiver Vision, Leidensdruck und ersten Veränderungsschritten die Kosten der Veränderung *überwiegt*.

Die vier Elemente der Veränderungsformel

Positive Vision	Leidensdruck	Erste Schritte	Kosten der Veränderung

Die **positive Vision** ist der Versuch, Ihrem Mitarbeiter Appetit auf eine »schöne neue Welt« zu machen. Die Illustration dessen, was der Mitarbeiter an Vorteilen gewinnt, sobald er sich zu einer Veränderung seines Verhaltens entschließt.

Warum sollte sich Ihr Mitarbeiter ändern, wenn er keinen **Leidensdruck** verspürt, wenn er keine Nachteile durch sein bisheriges Verhalten hat, nicht in Schwierigkeiten gerät oder Sanktionen befürchten muss? Auch dieses Zukunftsszenario können und müssen Sie in vielen Fällen ausmalen. Weisen Sie den betroffenen Mitarbeiter also darauf hin, welche negativen Konsequenzen drohen, sollte sich sein Verhalten nicht zum Besseren wenden.

Erste Schritte: Der Mitarbeiter muss wissen, mit welchen konkreten Maßnahmen, »richtigen« Ansätzen und Verhaltensweisen er den Weg zur Verhaltensänderung pflastern kann. Diese Punkte sollten Sie gemeinsam erarbeiten.

Jede Veränderung hat ihren Preis, jede Veränderung heißt aus Sicht Ihres Mitarbeiters, einen Tribut zollen zu müssen. **Kosten der Veränderung** sind zum Beispiel mehr Zeitaufwand, die Überwindung von Unsicherheit oder die Abkehr von einer Situation, in der er sich bequem eingerichtet hat.

Um Ihnen ein Beispiel dafür zu geben, wie Sie die Veränderungsformel als Argumentarium in einem Gespräch zur Anwendung bringen können, stellen Sie sich folgende Situation vor: Einer Ihrer Mitarbeiter liefert in Teambesprechungen keine konstruktiven Beiträge. Entweder sitzt er die Meetings gelangweilt ab oder er beschränkt sich darauf, die Meinungen der anderen mit Kritik zu überziehen. Ihr Anliegen ist es, dem Mitarbeiter zu verdeutlichen, warum es sich für ihn lohnen würde, von seiner Antihaltung abzudrücken und stattdessen seine Position stärker einzubringen.

Positive Vision	Leidensdruck	Erste Schritte	Kosten der Veränderung
• Lob durch Führungskraft • Anerkennung der Kollegen • Steigendes Selbstwertgefühl durch Bestätigung der anderen	• Kollegen werden den Mitarbeiter zu schneiden beginnen, mehr und mehr macht er sich zum Außenseiter • Sanktionen werden unabwendbar (zum Beispiel dem Mitarbeiter einen Teil seiner Aufgaben entziehen oder ihm »unliebsame Dienste« zuweisen)	• Gemeinsam ein Thema definieren, das Mitarbeiter in einem der nächsten Meetings präsentiert • Vereinbarung treffen: kein Herummäkeln, sondern offene Fragen stellen	• Mehr Aufwand für Vorbereitung auf die Teammeetings • Es ist unbequemer, sich selbst aus dem Fenster zu lehnen, als andere zu kritisieren • Wer sich einbringt, macht mehr Fehler

Fassen wir zusammen: Im Prinzip sind die vier Elemente der Veränderungsformel wie Stellschrauben, an denen Sie je nach Situation gleichzeitig (»die Mischung macht's«) oder einzeln drehen können. Kann sein, dass Sie bereits mit einer lebendigen Beschreibung der positiven Vision einen Veränderungswunsch hervorrufen. Gut möglich ist aber auch, dass der Nutzen, der sich auftut, Ihren Mitarbeiter kein Stück vom Hocker reißt. Vielleicht klickt es nur dann, wenn Sie die Drohkulisse bemühen und in düsteren Farben ausschmücken, wie sich der Leidensdruck erhöhen wird. Vielleicht sind es auch weniger die Appelle denn die gemeinsam entwickelten Maßnahmen, die Ihren Mitarbeiter zu einer Veränderung aktivieren. Oder Sie haben Erfolg, weil sich im Bewusstsein Ihres Mitarbeiters die Kosten der Veränderung minimieren. Voraussetzung dafür ist, dass Sie sich als Führungskraft mit der Perspektive Ihres Mitarbeiters beschäftigen und sich zunächst einmal die Frage stellen, worin aus seiner Sicht die Kosten der Veränderung bestehen könnten. Wenn Sie seine innere Landkarte verstehen, haben Sie eine Chance, das herbeizuführen, was man im psychologischen Fachjargon mit »Reframing« bezeichnet – jemandem die Augen dafür zu öffnen, seiner negativen Bewertung einer Situation eine positive und damit hilfreiche Bedeutung hinzuzufügen.

Machen wir es am zuvor genannten Beispiel fest: Eine Führungskraft, die sich ernsthaft mit der Perspektive des Mitarbeiters auseinander setzt, sollte zu dem Punkt vorstoßen, dass die Angst vor Fehlern wahrscheinlich einen Teil des Problems bedingt (nach dem Motto: »Wer sich zurückhält, macht weniger Fehler«). Hier kann man im Gespräch andocken und versuchen, das Denkmuster des Mitarbeiters durch »Reframing« zu durchbrechen, indem man ihm zum Beispiel erklärt, dass es in Teammeetings (außer hämischen Bemerkungen gegenüber anderen) keine unqualifizierten Wortmeldungen gibt, die einem negativ ausgelegt werden könnten. Genau diese Spielregel des Miteinanders habe man ja als Team gemeinsam definiert, und wenn alle anderen diese Vertrauenskultur leben, bestünde auch für ihn kein Anlass zur Zurückhaltung …

Noch einmal sei betont, dass Veränderung bei einem selbst beginnt. Ihr Mitarbeiter muss von sich aus sagen: Es gibt ein Problem, und jetzt bin ich am Zug. Er ist der Gestalter, Sie sind nur der Anbieter von Gestaltungsmöglichkeiten. »Love it, change it or leave it« – drei an der Zahl können Sie als Führungskraft mit der Veränderungsformel zur Wahl stellen. Alle drei müssen Sie erläutern und veranschaulichen, aber welche davon Ihr Mitarbeiter am Ende als die seine erkennt, liegt ganz bei ihm. Er entscheidet, ob er der Veränderung die Bedeutung einer Lernchance und Weiterentwicklung zuordnet (»love it«), sich aufgrund der Abwägung von Kosten und Nutzen mit der Veränderung arrangiert (»change it«) oder aber aus der Situation aussteigt (»leave it«), indem er sein Verhalten nicht ändert und die daraus resultierenden Konsequenzen in Kauf nimmt.

Trennungsszenarien: Schlussstrich und verordneter Abbau

Szenario eins: Schlussstrich

Angenommen, Sie haben »wirklich alles« versucht, um einem Mitarbeiter auf die Sprünge zu helfen. Haben Stunde um Stunde in Kritik- und Kontrollgespräche investiert, haben Aufgaben umorganisiert, Verbesserungsmaßnahmen ausgefeilt, einen Mitarbeiter aus Ihrem Team als Lernpartner installiert und, und, und ... Nichts hat gefruchtet. Ist es da nicht an der Zeit, einen Schlussstrich zu ziehen? Ja, es ist. Punkt.

Sie merken: Hier geht es nicht darum, jemanden in Wildwestmanier vor die Tür zu setzen, sondern eine Beziehung zu beenden, die eine Historie hat. Aufgrund vorausgegangener Alarmhinweise muss Ihr Mitarbeiter wissen, dass die Ampel auf Rot springen kann. Und das ist gut so. Denn das Kundtun der Trennungsabsicht darf nie und nimmer überfallartig passieren, darf Ihren Mitarbeiter nicht wie ein Blitz aus heiterem Himmel überraschen. Jedes andere Verhalten wäre unterirdisch und würde sämtliche Vorurteile über fiese und miese Chefs bestätigen.

Der Moment, in dem Sie Ihrem Mitarbeiter mitteilen, dass Sie die Seile kappen werden, erfolgt am besten als kurzer, harter Schlag. Das mag sich brutal anhören, ist aber die einzig aufrichtige, da am wenigsten dramatische Form. Schleichen Sie sich nicht auf leisen Sohlen an, sondern sagen Sie Ihrem Mitarbeiter den entscheidenden Satz innerhalb der ersten Minuten. Sagen Sie klipp und klar, dass Sie »keine Basis für eine weitere Zusammenarbeit sehen und ihm hiermit nahe legen, sich etwas Neues zu suchen«. Gemäß der Feedbackregeln können Sie danach noch einmal die Gründe Ihrer Entscheidung zusammenfassen. Ihr Bedauern, dass es »so weit gekommen ist«, können Sie zum Ausdruck bringen. Vermeiden Sie aber bitte Beileidsbekundungen im Stil von »Ich kann mir vorstellen, wie Sie sich jetzt fühlen, ich weiß, das ist jetzt keine leichte Situation«. Solche Kommentare sind gestelzt und fadenscheinig, da Sie sich eben nicht ausmalen können, was Ihr Mitarbeiter im Moment des Urteilsspruchs empfindet. Trennungs- und kündigungserprobte Führungskräfte raten darüber hinaus, dass man die Schockwirkung einer solchen Botschaft nicht unverhältnismäßig verstärken sollte, indem man sie an einem Freitag, kurz vor dem Wochenende, überbringt. Und dass es passender ist, das Trennungsgespräch gleich morgens zu führen und nicht erst, nachdem man die Wege des Mitarbeiters im Lauf eines Tages schon mehrmals gekreuzt hat.

Halten Sie das Trennungsgespräch knapp. Ermöglichen Sie Ihrem Mitarbeiter, sich zurückzuziehen und Abstand zu gewinnen. Vertagen Sie daher die Erörterung der Frage, wie es nun weitergeht, auf einen Folgetermin (Tendenz: ca. drei bis sieben Tage später). Dieses zweite Gespräch werden Sie in der Regel brauchen, und je komplizierter die Situation, desto wahrscheinlicher, dass sogar mehr als nur ein Anschlussgespräch nötig ist. Denken Sie zurück an den Abschnitt über Arbeitsrecht: Sich von einem Mitarbeiter zu trennen heißt in der Praxis oftmals, sich »einvernehmlich« auf einen Aufhebungsvertrag zu einigen. Das Erreichen dieses Einvernehmens kann ein paar Verhandlungsrunden und damit ein paar Wochen in Anspruch nehmen.

Trennung ist allerdings nicht ausschließlich damit gleichzusetzen, dass Ihr Mitarbeiter einen Aufhebungsvertrag annimmt, das Unternehmen verlässt und sich einen neuen Job suchen muss. Trennung kann natürlich ebenso heißen, dass er sich innerhalb Ihres Unternehmens umschaut und (hoffentlich) fündig wird. In beiden Fällen, der externen wie der internen Suche nach einer neuen Aufgabe, können Sie Ihre Unterstützung anbieten; bestehen kann diese sowohl in kleinen Hilfestellungen, wie zum Beispiel dem Gegenlesen des Lebenslaufs, als auch in einem offenen Gespräch darüber, welche Art Job Ihrer Meinung nach besser für Ihren Mitarbeiter geeignet wäre als derjenige, mit dem er in Ihrem Team augenscheinlich Probleme hatte. Häufig bedeutet Unterstützung einfach auch »kreatives Wegloben«. Sie drücken beim Formulieren des Arbeitszeugnisses ein Auge zu, indem Sie es dergestalt absegnen, dass kein gravierender Makel auf Ihren Mitarbeiter fällt. Oder Sie greifen selbst zum Hörer und fragen bei Ihren internen und externen Kontakten nach, ob jemand von einer Stelle weiß oder selbst zu besetzen hat, auf die das Profil Ihres Mitarbeiters passen könnte. Fazit dieser Beispiele: Unterstützungsmaßnahmen sind lohnenswert, weil zugegebenermaßen eigennützig. In so manchem Fall sind Sie klug beraten, einen Mitarbeiter, den Sie loswerden wollen (sagen wir es, wie es ist!), nicht im Regen stehen zu lassen. Im Zweifel dauert der Vollzug der Trennung ohne Ihr Zutun nämlich nur länger.

Szenario zwei: Verordneter Abbau

Stellen Sie sich vor, Ihrem Unternehmen geht es schlecht, bedrohlich schlecht. Die Kosten müssen drastisch runter, die Geschäftsführung lässt verlauten, dass Stellenstreichungen unvermeidlich werden. Schon kursieren die ersten Berechnungen: Welche Geschäftsbereiche müssen am meisten bluten? Wer muss Personal in welchem Umfang abbauen? Und so sicher wie das Amen in der Kirche kommt der Punkt, da die Krise amtlich wird. Im besten Fall sagt Ihnen Ihr Chef: »Jede Abteilung muss einen Beitrag leisten. Überlegen Sie bitte, was Sie bei sich im Team machen können.« Und im schlimmsten Fall kann er nicht anders als Ihnen mitzuteilen: »Es tut mir Leid. Aber auch Sie müssen streichen. Drei von sieben Stellen fallen weg.«

Die Ankündigung Ihres Chefs markiert einen eindeutigen Auftrag. Ab diesem Moment sind Sie Krisenmanager. Ein Job, der zunächst verlangt, dass Sie Ihre Optionen sortieren:

- Ihr Team im Leistungsportfolio: Wen würden Sie gern halten wollen, weil er zu den Leistungs- und Potenzialträgern gehört?
- Wer sind die leistungsschwachen Mitarbeiter? Wem würden Sie deshalb einen Aufhebungsvertrag anbieten?
- Wie stellt sich die Situation dar, sollten sich betriebsbedingte Kündigungen partout nicht abwenden lassen? Muss dann aufgrund der Sozialauswahl womöglich ein Leistungsträger oder eines Ihrer Talente zuerst vor die Tür gesetzt werden?
- Ist jemand dabei, der aufgrund seiner Aufgabe für »unverzichtbar« erklärt werden kann?
- Welche alternativen Lösungen gibt es, um den Personalabbau verträglich zu gestalten? (Teilzeitarbeit? Befristete, unbezahlte Freistellung von Mitarbeitern? Vorgezogener Renteneintritt bei Mitarbeitern, die kurz vor der Pensionierung stehen?)

Aus der krisengestählten Geschichte meiner Abteilung (Verhinderung von Stellenabbau durch kollektive Arbeitszeitverkürzung) weiß ich, dass gerade letztgenannter

Punkt, das Ringen um Ausweichlösungen, eine Variante ist, bei der Sie sich als Führungskraft engagieren können. Binden Sie die Personalabteilung in die Lösungssuche ein, nehmen Sie Stellenstreichungen keinesfalls als eine Anordnung hin, auf die man nur nach Schema F reagieren kann. Erlaubt ist, was die Schreckensherrschaft der betriebsbedingten Kündigung zu verhindern hilft. Sie sollten bereit sein, alle zur Verfügung stehenden Mittel auszureizen. Diesen Kampf haben Ihre Mitarbeiter verdient.

Damit die Ungewissheit nur kurz schwelt, sollten Sie Ihre Lageeinschätzung so schnell wie möglich abschließen und alsbald mit einer Erklärung vor Ihr Team treten. Dieses Meeting dient der gedanklichen Imprägnierung; jeder muss wissen, was da kommen wird. Starten Sie mit einer Situationsbeschreibung, die das Schicksal Ihres Teams in den größeren Zusammenhang, in den Status quo Ihres Unternehmens einordnet. Warum sieht sich Ihr Unternehmen gezwungen, Personal abzubauen? Welches Opfer bringt Ihr Bereich, was heißt das für Ihr Team? Stellen Sie dann das Abbauszenario dar. Erläutern Sie, was unter Sozialauswahl zu verstehen ist und was betriebsbedingte Kündigungen bedeuten. Skizzieren Sie das weitere Vorgehen, das in folgenden drei Schritten besteht. Schritt eins: Jeder soll sich zu Hause in Ruhe überlegen, ob er »freiwillig« gehen will (unter Ausschöpfung des gesamten Maßnahmenreservoirs: von der Abfindung bis zur Altersteilzeit). Falls diese Aktion nicht reicht, um den Abbau im vollen Umfang zu realisieren, greift Schritt zwei. Das heißt: Sie als Führungskraft sprechen aktiv einzelne Mitarbeiter an und machen das Angebot eines Aufhebungsvertrags. Schritt drei ist die Vorbereitung auf betriebsbedingte Kündigungen, das Clustern Ihres Teams nach den Kriterien der Sozialauswahl. Sagen Sie, dass dieser Schritt zum Tragen kommt, falls die ersten beiden nicht das erforderliche Resultat erzielen.

Setzen Sie sich mit allen Fragen Ihrer Mitarbeiter auseinander, aber dehnen Sie das Meeting nicht quälend lange aus. Brechen Sie ab, sobald Sie das Gefühl haben, dass sich die Diskussion im Kreis dreht und der Emotionspegel nach oben schnellt. Vereinbaren Sie eine Frist, nach deren Ablauf sich alle gemeldet haben müssen, die mit dem Gedanken spielen, von sich aus auszuscheiden. Der Freiwilligenappell hat nichts Zynisches an sich, auch wenn das Wort »freiwillig« im Zusammenhang mit Personalabbau befremdlich anmutet und mit dem Aufruf tatsächlich die Hoffnung verbunden ist, dass sich diejenigen melden, von denen Sie sich am ehesten trennen würden (und die sich das angesichts der zurückliegenden Kritik- und Zielgespräche wahrscheinlich selbst ausrechnen können …). Zynisch ist dieser erste Schritt allein deshalb nicht, weil Sie nicht wissen, welche Zukunftsgedanken Ihren Mitarbeitern in einer Situation durch den Kopf gehen, die für alle Beteiligten eine Belastung darstellt. Vielleicht haben Sie Mitarbeiter, die die Krise als Signal zum Aufbruch deuten (»Wann, wenn nicht jetzt?«) und sich neu orientieren: die Abfindung nehmen und sie als Startkapital für die Selbstständigkeit nutzen oder die Koffer packen, endlich in die heimliche Traumstadt ziehen und einen anderen Job anfangen. Ich habe beide Beispiele in meinem Arbeitsumfeld erlebt und dabei gelernt, dass man in der Verantwortung als Krisenmanager vor allem eines tun muss: Bedenkzeit einräumen, damit jeder Mitarbeiter für sich Klarheit gewinnen und sich mit Lebenspartner, Familie oder Freunden beraten kann.

Ein Spagat darf an dieser Stelle nicht unterschlagen werden. Die Freiwilligenaktion ist zwar ein sinnvolles Angebot, sie sollte jedoch nicht dazu führen, dass sämtliche Leistungsträger Ihres Teams auf einen Schlag in Versuchung geraten, sich zu verabschieden. Diesem Aderlass müssen Sie vorbeugen, und deswegen rate ich dazu, in zeitlicher Nähe zu dem Krisenmeeting allen Mitarbeitern, die Sie unbedingt halten wollen, dieses unter vier Augen deutlich zu sagen. Stärken Sie Ihren Besten den Rücken, vermitteln Sie ihnen, dass Sie unter den gegebenen Umständen einen Weggang zwar notgedrungen akzeptieren würden, Sie aber am liebsten die Zusammenarbeit fortsetzen möchten und alles in Ihrer Macht Stehende dafür tun wollen.

Wenn die Freiwilligenaktion für die »Personalanpassung« nicht ausreicht, dann ist es an Ihnen, Mitarbeiter gezielt auf einen Aufhebungsvertrag anzusprechen. Nüchtern betrachtet haben Sie ab diesem Punkt vor allem drei Selektionskriterien zur Hand; Sie können über die Leistung, den Wegfall der Aufgabe und das Raster der Sozialauswahl argumentieren. Das konsequenteste, mit Priorität anzuwendende Kriterium ist dabei natürlich die Leistung. Gerade für den Fall, dass Sie in Ihrem Team eindeutige Problemfälle (schwache Leistung, kaum Anzeichen für weiterführendes Potenzial) identifizieren können, sollten diese dementsprechend als Erste in Ihr Blickfeld rücken. Selbst wenn Ihr Team auf durchgängig hohem Leistungsniveau arbeitet, mit nur leicht nuancierten Abstufungen – die Entscheidung, zwischen Ihren Mitarbeitern hart zu differenzieren, wird Ihnen nicht erspart bleiben.

Essenziell ist, dass Sie Ihren Chef von Anfang an im Boot haben; aus Gründen der Unterstützung wie auch aus purem Selbstschutz. Er muss über Ihr Vorgehen Bescheid wissen, er muss Ihre Entscheidungen kennen – und er muss sie mittragen. Stellen Sie sicher, dass er und Sie an einem Strang ziehen, vergewissern Sie sich seines Rückhalts, teilen Sie auf diese Weise die Last der Verantwortung. Ohnehin gilt: Machen Sie nicht den Fehler zu glauben, dass Sie die Rolle des Abgebrühten spielen müssen, für den es sich nicht geziemt, Hilfe von außen in Anspruch zu nehmen. Eben weil Personalabbau ein so heikles, inhaltlich wie emotional forderndes Thema ist, ist es kein Zeichen von Unsicherheit oder Entscheidungsschwäche, wenn Sie in kniffligen Fragen mit der Personal- und der Rechtsabteilung Rücksprache halten oder einen Experten aus einer der beiden Abteilungen bei schwierigen Fällen mit in die Aufhebungsgespräche nehmen. Genauso ratsam ist es, sich während des gesamten Prozesses mit Führungskollegen auszutauschen, die so wie Sie davon betroffen sind, den verordneten Abbau zu exekutieren.

Schlichten oder richten? Ihre Rolle in Teamkonflikten

Fangen wir mit dem Schlimmsten an: Sollten Sie ein Team übernehmen, das vor Streitsucht und seismischen Störungen schier bebt und brodelt, dann werden Sie als

Botschafter des Friedens einen extrem schweren Stand haben. Hoffentlich haben Sie in diesem Fall gewusst, was Ihnen blüht. Und hoffentlich hat Ihnen Ihr Chef die Freigabe erteilt, alle Unruhestifter postwendend aus dem Team zu entfernen und durch neue Mitarbeiter zu ersetzen. Denn ohne Frischzellenkur ein Team zu befrieden, in dem sich das Feuer längst zu einem Flächenbrand entwickelt hat, halte ich für ein Kommandounternehmen, das einen Führungseinsteiger überfordern muss. Teams, die im offenen Clinch liegen, brauchen den therapeutischen Beistand eines neutralen Experten, die Hilfe eines Trainers, der sich mit Konfliktmediation auskennt.

Dies vorausgeschickt, möchte ich die Welt der Extreme wieder verlassen und in die Normalität zurückkehren. Normalität heißt, dass Sie als frisch inthronisierter Chef die Möglichkeit haben, das Konfliktpotenzial in Ihrem Team einzudämmen, indem Sie in zweierlei Hinsicht vorbeugend agieren:

1. Klare Abgrenzung von Aufgaben. Definieren Sie eindeutig, wer in Ihrem Team für welche Aufgabe verantwortlich ist. Unscharf abgesteckte Zuständigkeitsbereiche sind ein nicht zu unterschätzender, aber durch Voraussicht leicht zu vermeidender Nährboden für Zank und Zwist, da sie enervierende Schnittstellendiskussionen provozieren und Mitarbeiter ohne Not zu Konkurrenten machen.

2. Konfliktkultur etablieren. Oder auch: Spielregeln der Kommunikation und der Zusammenarbeit vereinbaren. Im Grunde geht es um das, was im 100-Tage-Kapitel (siehe Seite 40–41) bereits zur Sprache kam; ein Gerüst der goldenen Regeln aufzustellen, an die sich alle im täglichen Miteinander halten sollen. *Wo kommt es bei* *uns im Team zu wiederkehrenden Reibereien? Wie gehen wir bei Meinungsverschiedenheiten miteinander um? Welche Dinge des Alltags sollen wir dauerhaft regeln?* Erarbeiten Sie mit Ihren Mitarbeitern anhand dieser drei Fragen ein paar handfeste, gebotsartige Vereinbarungen (zum Beispiel: »Rundschreiben werden nach spätestens zwei Tagen weitergereicht«, oder: »Kreativmeetings haben Brainstorming-Charakter, jeder darf losschießen, wie er will.«) – und Sie haben Ihre Magna Charta der teaminternen Konfliktprävention schon zu einem großen Teil geschrieben.

Normalität heißt auch, dass Sie bei Konflikten ein Spektrum an Entscheidungsmöglichkeiten haben und nicht nach einem monochromen Verhaltensmuster zu reagieren brauchen. Grundsätzlich stehen Ihnen drei Handlungsalternativen zur Verfügung, wobei sich die dritte, wie Sie gleich sehen werden, in zwei recht unterschiedliche Varianten aufsplittet.

1. Laufen lassen

Wo steht geschrieben, dass jedes Konfliktthema Ihrer Mitarbeiter ein Schuh ist, den Sie sich anziehen müssen? Trauen Sie sich die Entscheidung, Konflikte zwar zur Kenntnis zu nehmen, sie aber im gleichen Atemzug souverän zu ignorieren. Ich weiß: Die Differenzierung, welche Friktionen als Frühwarnungen für tiefere Probleme ernst genommen werden müssen und welche man hingegen als normale Spannungen unter Individuen verbuchen kann, fällt in der täglichen Praxis nicht gerade leicht. Dennoch müssen Sie es wagen, sich situativ festzulegen. Ihre Mitarbeiter (= erwachsene Menschen) werden es Ihnen in der Regel danken, dass Sie nicht den Übervater/die Übermutter mimen und sich als zusätzlicher Störfaktor ständig in alles einmischen.

2. Anhören und zurückverweisen

Ein Mitarbeiter kommt zu Ihnen und lädt seine Wehklage ab; dies oder das klappt nicht mit dem Kollegen X, »Könnten Sie nicht mal was tun?« Ihre Frage: »Haben Sie (und/oder andere aus dem Team) Kollegen X schon darauf angesprochen?« Die Antwort: »Nein, bringt sowieso nichts.« Ihre Reaktion: Falscher Ansatz. Bitte das Gespräch suchen, sich an einen Tisch setzen und eine Lösung herbeiführen.

Bleiben Sie gelassen, bemühen Sie so oft wie möglich die Selbstheilungskräfte Ihrer Mitarbeiter, das ist die Lektion dieses Mini-Szenarios. Es sei daran erinnert: Sie sind nicht Leiter einer Erziehungsanstalt, sondern haben es mit mündigen Menschen zu tun. Daher ist es nur recht und billig, in Konfliktfällen an die Eigenverantwortung Ihrer Mitarbeiter zu appellieren. Läuft man dabei allerdings nicht Gefahr, von seinen Mitarbeitern als ausweichend und konfliktscheu wahrgenommen zu werden? Nein. Dieser Einwand wäre nur berechtigt, sollte man als Führungskraft Folgendes versäumen: den anderen Konfliktpartner einbestellen; ihm sagen, dass man vom Kollegen Y über ein Problem unterrichtet wurde; und auch ihm zu verstehen geben, dass Sie nicht gewillt sind, in die Untiefen dieses Problems hinabzusteigen, sondern von beiden Parteien erwarten, ihren Konflikt selbstständig zu lösen. Entlassen Sie also auch Kollegen X mit dem Auftrag, auf das klärende Gespräch hinzuwirken. Rund wird die Geisteshaltung des Zurückverweisens dadurch, dass Sie bei beiden Mitarbeitern getrennt voneinander nachhaken, worauf sie sich in ihrem »Hygienegespräch« geeinigt haben. Dass Sie gedenken, Feedback zeitnah einzuholen, sollten Sie natürlich in den Einzelgesprächen ankündigen.

3. Anhören und selbst Klärung herbeiführen

Das Kurieren des Konflikts per Selbstheilung hat nicht den erwünschten Erfolg gebracht. Sowohl Ihren Beobachtungen als auch den Äußerungen der zum Rapport einbestellten Kombattanten müssen Sie entnehmen, dass der Knoten nicht zerschlagen worden ist. Die Fronten sind verhärtet. Ihnen ist klar, ab jetzt einkalkulieren zu müssen, dass der Zwist womöglich die Stimmung Ihres Teams in Mitleidenschaft zieht und die Konzentration auf die Arbeit beeinträchtigt. Und Sie spüren, dass diejenigen im Team, die das Konflikttreiben von außen begutachten, das reinigende Gewitter erwarten – herbeigerufen von Ihnen, und das möglichst schnell. Bevor Sie in einer solchen Situation jedoch in Aktion treten, machen Sie sich bitte noch einmal mehrere Dinge bewusst.

Erstens: Sie gaukeln sich etwas vor, sollten Sie glauben, einen neutralen Blick auf den Konflikt zu werfen. Das wird nicht passieren. Denken Sie einmal mehr an die Frage nach der Chemie: Ihre wie auch immer gearteten Sympathien und Antipathien machen Ihnen einen Strich durch die Rechnung und führen schnell dazu, dass Sie dem einen eher trauen als dem anderen, die Argumente des einen leichter akzeptieren als die des anderen. Es ist viel geholfen, wenn Sie sich dieses Verzerrungsdilemma vergegenwärtigen.

Zweitens: Fragen Sie sich, ob die Akteure des Konflikts

rhetorisch etwa gleichmäßig begabt sind oder einer der beiden in dieser Hinsicht überlegen ist. Ein starkes Gefälle in der Verteilung dieses Talents würde in einem Gespräch aller Beteiligten natürlich bewirken, dass sich ein Akteur gegenüber Ihnen besser in Szene zu setzen weiß als der andere. Berücksichtigen Sie zudem, dass die Emotionalität eines impulsiven Typs nicht zwingend schuld daran ist, dass sich ein Konflikt verschärft. Umgekehrt will ein sachlicher Typ mit seinem kontrolliert-rationalen Herangehen nicht immer zwingend den Konflikt entschärfen; vielleicht hat er ihn auf diese Weise ja sogar subtil angefacht. Fazit: Passen Sie auf, keinen grobkörnigen, stereotypen Täter-Opfer-Klischees auf den Leim zu gehen.

Drittens: Für Sie als Führungskraft ist es fast immer unprofitabel, sich in die Historie eines Konflikts zu versenken, eifrig nach den Ursachen zu forschen und dabei zu versuchen, die Schuldfrage zu klären. Wie im gerade genannten Beispiel anklang, ist Schuld zum einen nur selten nach einem leicht durchschaubaren Schwarz-Weiß-Schema verteilt. Und zum anderen reicht es ohnehin meistens völlig aus, kapiert zu haben, ob sich der Konflikt auf einen sachgetriebenen Streitpunkt fokussiert (was eher selten ist) oder aber (was weit häufiger der Fall ist) Sach- und Beziehungsfragen eine untrennbare, äußerst verwickelte Liaison eingegangen sind.

Viertens: Sie müssen einschätzen, ob überhaupt eine realistische Chance besteht, den jeweiligen Konflikt durch ein klärendes Gespräch aufzulösen. Diese Überlegung ist entscheidend! Denn aus ihr ergibt sich, nach welcher Variante Sie ein gemeinsames, die Situation bereinigendes Gespräch anlegen sollten.

Variante eins: Schlichten

Sie sehen eine realistische Chance, den Konflikt *unter Ihrer Moderation* durch ein klärendes Gespräch beilegen zu können. Verdeutlichen Sie beiden Parteien, dass Sie nur in zweiter Linie an einer rückblickenden Aufarbeitung der Konfliktursache interessiert sind. Ihr Augenmerk und damit auch der Fokus des gemeinsamen Schlichtungsgipfels liegen eindeutig auf einer Lösung, die zukunftsgewandt und der Erfüllung der Teamziele zuträglich ist. Drei Fragen müssen im Gespräch beantwortet werden: *Was behindert die Weiterarbeit? Was muss geregelt werden, damit die Arbeit weitergehen kann? Wie können wir verhindern, dass dieser Konflikt so oder so ähnlich wieder ausbricht?* Je nach Schwierigkeitsgrad der Situation können Sie in Erwägung ziehen, Ihren Mitarbeitern in Vorbereitung auf das Gespräch eine »bewusstseinserweiternde« Hausaufgabe aufzuerlegen. Beide sollen sich ein Blatt Papier zur Hand nehmen und alles notieren, was ihnen zu diesen Fragen einfällt: Was ist meine Sicht? Was ist die Sicht meines Konfliktgegners? Wie würde ein neutraler Beobachter unser Problem und unser Verhalten beurteilen?

Ziel des Gesprächs ist selbstverständlich eine von beiden Seiten akzeptierte Lösung. Auf dem Weg dorthin geht es darum, dass beide Antipoden verstehen, was die Gegenseite denkt und will, dass sie sich aussprechen, annähern, Zugeständnisse machen und Kompromisse eingehen. Häufig werden Sie dabei die Kompromissfindung forcieren müssen, indem Sie an umstrittenen Punkten eingreifen, Stellung beziehen und das endgültige Urteil sprechen.

Variante zwei: Richten

Sie sehen keine realistische Chance, den Konflikt durch ein auf gegenseitige Annäherung ausgerichtetes Gespräch zu den Akten zu legen. In diesem Fall werden Sie um eine Entscheidung qua Autorität nicht herumkommen. Um das Kind beim Namen zu nennen: Sie werden ein Machtwort sprechen müssen. Dieses sollten Sie mit der gebührenden Entschlossenheit vorbereiten und vollstrecken; ein straffes Vorgehen, wie in nachstehender Marschroute dargestellt, ist angebracht:

- Holen Sie die Kontrahenten zu einem kurzen Vorgespräch zusammen. Diskutieren Sie nicht inhaltlich, sondern erläutern Sie nur Ihr Vorgehen.
- Sagen Sie, dass Sie die Absicht haben, eine verbindliche Entscheidung zu treffen. Lassen Sie sich von beiden Seiten bestätigen, dass man bereit ist, sich Ihrer Entscheidung zu beugen.
- Vereinbaren Sie einen Gesprächstermin, bei dem beide Mitarbeiter gleich viel Zeit haben, ihren Standpunkt darzulegen.
- Diese Schilderungen kommentieren Sie nicht, Sie stellen ausschließlich Verständnisfragen.
- Beenden Sie das Gespräch mit der Vereinbarung eines raschen Folgetermins.
- Bei diesem Treffen geben Sie Ihre Entscheidung bekannt. Wenn Sie wollen, können Sie Ihren Schiedsspruch begründen.
- Halten Sie dieses Treffen aber in jedem Fall kurz. Lassen Sie sich mit dem etwaigen »Verlierer« nicht auf ein Nachkarten Ihrer Entscheidung ein, geben Sie dem vermeintlichen »Gewinner« keine Plattform für Triumphgefühle.

Gleich, welche Variante zum Tragen kommt, Sie sollten in den ersten Tagen und Wochen nach dem Gespräch sehr genau darauf achten, ob sich beide Parteien an das Ergebnis halten. Falls einer Ihrer Mitarbeiter gegen die gemeinsam erarbeitete Lösung oder Ihre Entscheidung verstößt, müssen Sie den Mut und die Resolutheit aufbringen, sanktionierende Maßnahmen auszupacken; inklusive der Möglichkeit, einem renitenten Konfliktverlängerer das Ultimatum zu stellen: Entweder er besinnt sich oder Sie trennen sich von ihm. Sie können sich nicht auf der Nase herumtanzen lassen, Sie können das Unterwandern einer Abmachung nicht tolerieren. Alles andere würde Ihre Autorität in zukünftigen Konflikten massiv beschädigen – da geht es Ihnen als Führungskraft keinen Deut anders als Politikern in den großen Streitfragen dieser Welt.

Im Übrigen müssen Sie insbesondere bei Variante zwei, dem richterlichen Entscheid, damit rechnen, dass Ihre Herangehensweise wie auch Ihr Urteil nicht von allen Mitarbeitern als salomonisch empfunden werden. Ein Konflikt spaltet den Rest des Teams bisweilen gefühlsmäßig in zwei Lager: Die einen sind Sympathisanten des »Gewinners«, die anderen neigen dem »Verlierer« zu und betrachten den Ausgang des Konflikts deshalb als ungerecht. Dass Ihre Schiedssprüche möglicherweise polarisieren, mit diesem Umstand müssen Sie zu leben lernen. Zum Chefsein gehört Unbequemes, hatten wir eingangs dieses Kapitels festgestellt. Das schließt die Tatsache, für Ihre Entscheidungen in Konfliktfällen nicht von jedem geliebt zu werden, ausdrücklich mit ein.

5. Fordern, fördern, formen: Wie Sie Ihr Bestes für Ihre Mitarbeiter geben

Im Kapitel über die Vorzüge klarer Zielvereinbarungen (»die produktive Partnerschaft«) hatte ich einen zweiten Teil einer leistungsstimulierenden Formel avisiert; nun ist es so weit. Die Formel wird komplett. Im Folgenden dreht sich alles einzig und allein um das Leistungsdoping Ihrer Mitarbeiter – und damit nur um Sie. Denn die wirkungsvollste Droge ist Ihre Persönlichkeit. **Geben Sie Ihr Bestes, und Sie holen das Beste aus Ihren Mitarbeitern heraus.** Sorgen Sie dafür, dass Ihre Mitarbeiter Erfolge feiern können, dass sie Spaß daran haben, Leistung zu bringen, mit Ihnen zu arbeiten, für Sie zu arbeiten. So einfach ist der zweite Teil der Formel, dessen stimulierende Substanzen wir natürlich jetzt genauer unter die Lupe nehmen.

Geld stinkt nicht: Anmerkungen zum Mythos Motivation

Gäbe es eine Liste der am häufigsten gebrauchten Managementvokabeln – ich bin sicher, *Motivation* wäre der erste Anwärter auf die Pole Position. In unzähligen Büchern ist der Begriff durchgewalkt und, wie ich finde, zu einer Floskel aufgebläht worden, in die man alles Mögliche hineindeuten kann.* Ich will dem Diskurs über die Strömungen der Motivationslehre nicht noch ein weiteres Traktat hinzufügen und habe mich daher entschieden, schnurstracks auf diejenigen Punkte zuzusteuern, die das Fundament meiner Position bilden.

Motivieren heißt nicht, dass Sie als Führungskraft – wie man so schön sagt – Ihre Mitarbeiter zum Jagen tragen müssen. Sie sind nicht dafür da, jemanden bei Laune zu halten. Sie sind kein Animateur. Wer von seiner Führungskraft einfordert, dass sie ihn motivieren möge, wer darauf wartet, dass seine Motivationslücke gefüllt wird, ist am falschen Platz; er passt nicht zu dem Job, den er besetzt.

Motivation ist etwas Gegebenes, es ist die natürliche Antriebsenergie eines jeden Menschen. Sie können Motivation also nicht durch Motivierung herbeizaubern. Sie können nur – und das ist eine ganze Menge! – der Energie Ihrer Mitarbeiter eine Startrampe bauen, ihrer Motivation eine Bühne bereiten. Damit sie sich voll entfalten kann. Das ist das Beste, was Sie geben können, und dieses Bestmögliche zeigen und beweisen Sie Ihren Mitarbeitern, indem Sie die folgenden Verhaltensweisen an den Tag legen.

Machen Sie sich für Gehaltserhöhungen stark. Denn: Geld stinkt nicht. Und Sie bekommen Leistung nicht zum Nulltarif. Wenn man sich Befragungen und

* Aus der Masse der Bücher sticht nach meiner Meinung eines heraus, dem ich in der Zwischenüberschrift deshalb eine kleine Reverenz erweise. Es ist Reinhard K. Sprengers »Mythos Motivation«. Das Buch ist seit langem ein Klassiker; nicht durchgängig leicht zu lesen, aber immer radikal genau, weil es sämtliche Trugschlüsse über Mitarbeitermotivationen Schritt um Schritt enttarnt.

Studien über Arbeitszufriedenheit zu Gemüte führt, fällt einem schnell auf, dass Geld nie als Top-Motivator abschneidet. Als Bindungsköder scheint die Macht des Gehalts offenbar begrenzt zu sein. Das klingt nachvollziehbar, darf Sie aber nicht zu dem Schluss verleiten, dass Ihre Leistungs- und Potenzialträger das Gehalt als nachrangigen Faktor betrachten, solange der Job nur attraktiv genug ist und es sich mit den Kollegen und Ihnen gut aushalten lässt. Wer sich in seinen Job reinhängt, wer seinen Beitrag zum Unternehmenserfolg leistet, sollte auch in den Genuss dessen kommen, was das Gehaltssystem des Unternehmens hergibt. Was konkret bedeutet: Setzen Sie sich für die Gehaltsentwicklung Ihrer Stars und Talente ein. Steigen Sie mit Ihrem Chef in den Ring, argumentieren und verhandeln Sie für Ihre Mitarbeiter, die es sich verdient haben. Genügend Führungskräfte haben genau davor Bammel. Weil es leichter ist zu knausern, vor dem eigenen Chef als der große, die Lohnkosten niedrig haltende Sparweltmeister dazustehen und sich vor seinen Mitarbeitern zu exkulpieren, indem man auf »die Großwetterlage« verweist, die »Gehaltserhöhungen auf absehbare Zeit nicht zulässt«. Ihre Top-Leute werden es als Zeichen Ihrer Courage und Ihrer ehrlich gemeinten Anerkennung zu schätzen wissen, wenn Sie sich – von sich aus und nicht aufgrund von Bittstellerei – im Rahmen des Möglichen für eine faire Bezahlung engagieren. Und das umso mehr, als es in vielen Fällen nicht um Unsummen, sondern lediglich um den Sprung in die nächste Tarifgruppe geht.

Schalten Sie Begabungen und Aufgaben synchron. Es sei an dieser Stelle noch einmal prominent hervorgehoben, was im Kapitel über das Führen mit Zielen bereits anklang: Sie setzen Ihre Mitarbeiter dann optimal ein, wenn Sie sich darum bemühen, deren *individuelle* Begabungen und Interessen mit den Aufgaben in Einklang zu bringen. In der Praxis wird dieses Leitmotiv nur selten in Reinform umsetzbar sein, aber jeder erfolgreiche Manager wird bestätigen, dass die Ausgestaltung eines Leistungsklimas in der größtmöglichen Annäherung an diese entwaffnend einfache Weisheit liegt. Um Ihre Mitarbeiter zu Spitzenleistungen anzuspornen, sollten Sie sich darauf konzentrieren, was Ihre Mitarbeiter am besten können, und die *anspruchsvollen* Ziele, die Sie mit ihnen vereinbaren, auf diese Stärken abstimmen. Diese Fokussierung impliziert einen ziemlich interessanten Nebengedanken, der nicht unbedingt sofort zum Vorschein kommt, aber Ihrer Auffassung von einem leistungsfähigen Team eine richtungsweisende Note geben kann. Denn Ihre Mitarbeiter so einzusetzen, dass diese ihre individuellen Stärken »austoben« können, heißt andererseits, weniger Gedankenarbeit darauf zu verwenden, wie Ihre Mitarbeiter ihre individuellen Schwächen tilgen. Stärken zu stärken ist zumeist auch das Akzeptieren und elegante Umschiffen dieser Schwächen! Viele Führungskräfte kommen damit aber nicht klar. Sie ziehen es vor, an den Schwächen ihrer Mitarbeiter zu feilen, um auf diese Weise Unterschiede zu neutralisieren und ein homogenes Leistungsprofil in ihrem Bereich herzustellen. Diese Variante mag in einer Reihe von Arbeitskontexten, die von der »Austauschbarkeit« der Mitarbeiter geprägt sind, ihre Berechtigung haben. Ich verhehle aber nicht, dass ich persönlich wenig davon halte, weil sie in mindestens ebenso vielen Situationen nur davon zeugt, dass die jeweilige Führungskraft einen eher uninspirierten Umgang mit den unterschiedlichen Begabungen ihrer Mitarbeiter pflegt.

Seien Sie bereit, Ihre besten Mitarbeiter an Ihr Unternehmen abzutreten. Denn nur wenn Sie dazu bereit sind, sind Sie eine Führungskraft, die ihrer originären Verantwortung, der Personalentwicklung, in vollem Umfang gerecht wird. Personalentwicklung, richtig verstanden, ist das ernst gemeinte Interesse an den beruflichen Perspektiven Ihrer Leistungs- und Potenzialträger. Dazu gehört, dass Sie sich mit den Karrierevorstellungen Ihrer Top-Leute beschäftigen, gemeinsam Ideen spinnen und Entwicklungsschritte planen, ihnen Aufgaben zutrauen, anhand derer sie ihre Fähigkeiten ausloten und neue dazugewinnen können. Und es gehört eben die von Egoismus befreite Überzeugung dazu, dass Entwicklung nicht nur innerhalb Ihres Bereichs, sondern auch außerhalb davon stattfinden kann, was insbesondere dann eine Rolle spielt, wenn Ihre Möglichkeiten, eine passende Perspektive in Aussicht zu stellen, irgendwann an eine Grenze stoßen. Als Personalentwickler sind Sie gefordert, die besten Mitarbeiter langfristig ans Unternehmen zu binden und sie nicht an die Konkurrenz zu verlieren. Gute Führungskräfte fühlen sich daher nicht in ihrer Eitelkeit gekränkt, wenn ihre Mitarbeiter an anderen Stellen des Unternehmens ihre Entwicklung fortsetzen und Karriere machen. Im Gegenteil. Sie freuen sich mit, weil sie ihren Bereich als Kaderschmiede begreifen. Für diese Führungskräfte passt der Begriff des Mentors. Wenn Sie solchen Persönlichkeiten auf Ihrem Berufsweg begegnen, dann kann ich Sie nur ermuntern, sich ein großes Stück von dieser Einstellung abzuschneiden, denn hier handelt es sich um die raren Exemplare, die ihre Rolle komplett und vorbildlich leben.

Finden Sie Antworten auf die Frage: Wie stehe ich der Motivation meiner Mitarbeiter im Weg? Denn die zuverlässigste Methode, Ihre Mitarbeiter zu motivieren, ist schlicht und ergreifend, dass Sie Ihre Mitarbeiter nicht demotivieren. In vielen Fällen verhält es sich aber leider genau so: Das Leistungsklima wird durch das demotivierende Verhalten der Führungskraft behindert und nicht etwa durch die unzureichende Motivation der Mitarbeiter. Und seien wir ehrlich: Es gehört nicht viel Phantasie dazu, unzulängliche Verhaltensweisen aufzuzählen, die einen Chef zum einflussreichsten Faktor der Demotivierung krönen können:

1. **Schlampige Informationspolitik.** Die Mitarbeiter erhalten arbeitsrelevante Informationen unvollständig, einseitig, verspätet.
2. **Rudimentäre Wertschätzung.** Äußert sich in vielfältigen Formen wie zum Beispiel: kein Lob für Leistungen der Mitarbeiter, kein Dankeschön dafür und erst recht kein Mitfreuen. Keine Zeit für Gespräche über das, was den Mitarbeiter bewegt (Persönliches, Entwicklung). Kein Interesse an der Weiterbildung der Mitarbeiter.
3. **Dominanzgebaren.** Anzutreffen bei Führungskräften, denen es nicht in erster Linie um die Mitarbeiter geht, die ihnen anvertraut wurden, sondern die vor allem in das Image des Chefseins verliebt sind (Entscheider, Kontrolleur, Lenker, Autoritätsperson, Machtinhaber).

Nichts Neues, oder? Ich überlasse es Ihrer Vorstellungskraft, diese Negativliste um persönliche Erfahrungswerte zu ergänzen. Man muss ja nur ein bisschen in den eigenen Erlebnissen mit Vorgesetzen kramen, um Verhaltensweisen zu benennen, die man selbst als demotivierend wahrnimmt. Von zentraler Bedeutung ist daher, dass Sie für eine Erwägung niemals blind werden: Sie, und niemand und nichts anderes, könnten der neuralgische Punkt, die Achillesferse für die Arbeitszufriedenheit und die Leistungsbereitschaft Ihrer Mitarbeiter sein. Im Kapitel zuvor haben wir extensiv über den Mehrwert konstruktiven Feedbacks gesprochen. Hier ist die passende Stelle, um Sie daran zu gemahnen, von Ihren Mitarbeitern Kritik einzufordern. Bitten Sie Ihre Mitarbeiter aktiv darum, Ihnen im Sinn der Feedbackregeln ins Gesicht zu sagen, was sie an Ihrem Verhalten abtörnt, was Sie womöglich falsch machen beziehungsweise besser machen könnten. Dass Sie Unangenehmes nicht nur austeilen, sondern auch einstecken und sogar empfänglich dafür sind, ist die Basis der Vermeidung von Demotivierung.

Delegieren Sie richtig. Erinnern Sie sich noch an den Physikunterricht und an das, was ein Prisma kann? Die Besonderheit liegt darin, dass ein Prisma, sobald ein Lichtstrahl auf seine Oberfläche trifft, das Spektrum der verschiedenen Wellenlängen auffächert. Beim Delegieren ist es im Prinzip genauso. Die Art und Weise, wie Sie Ihren Mitarbeitern Aufgaben übertragen, hat die Aussagekraft eines Prismas; auch hier wird ein Spektrum freigelegt, in diesem Fall allerdings kein sehr farbenfrohes, sondern ein eher schonungsloses. Denn es ist das Spektrum Ihrer Führungsqualitäten und -defizite. Delegieren Sie richtig, ist das nicht nur ein Motivationszünder, sondern auch ein Beleg für die Ausprägung wichtiger Führungskompetenzen. Delegieren Sie hingegen falsch, ist das nicht nur ein Motivationskiller, sondern auch ein Indiz dafür, dass Sie an einigen Ecken noch nachlegen müssen. Mit anderen Worten: An Ihrem Delegierverhalten lässt sich Grundsätzliches ablesen – über Ihre Einstellung und über das, was Sie können und was Ihnen noch zu einer guten Führungskraft fehlt. Lassen Sie uns deshalb noch etwas tiefer bohren.

Was Führungskräfte davon abhält, mehr zu delegieren – und warum sie das fast immer nachdenklich stimmen sollte

Kein anderer Aspekt des Führungsjobs bündelt so viele Anforderungen wie richtiges Delegieren. Kein anderer Aspekt verrät so viel darüber, ob Sie schon mit Haut und Haar in Ihre neue Rolle geschlüpft sind. Eine Untersuchung der Bereitschaft und Fähigkeit zum Delegieren eignet sich aus diesen beiden Gründen besonders gut, um sich den Spiegel vorzuhalten und in kritischer Introspektion zu üben. Unter genau diesem Blickwinkel bitte ich Sie, die folgenden Seiten zu lesen. Nehmen Sie sich die Liste der am häufigsten auftretenden Fehler beim Delegieren vor (ab Seite 165) und achten Sie darauf, welche Lücken im Kompetenzreservoir einer Führungskraft hier zutage treten. Ähnlich aufschlussreich ist die Beschäftigung mit der Frage, welche Motive Führungskräfte dazu bringen, nicht zu delegieren, beziehungsweise davon abhalten, mehr zu delegieren. Beide Verhaltensmuster sind anhand von Führungskräftebefragungen seit langem belegt und schlagen in einer Reihe von »Psychogrammen« zu Buche, die ich Ihnen jetzt im Einzelnen auseinander setzen möchte.

Was Führungskräfte davon abhält, (mehr) zu delegieren. Die Motive im Überblick:

- »Es macht mir Spaß.«
- »Das kann (leider) keiner außer mir.«
- »Das kann (leider) keiner so gut wie ich.«
- »Der Aufwand ist zu hoch.«
- »Ich bin ein gebranntes Kind.«
- »Die Sache ist zu heikel.«
- »Für diese Aufgabe ist keiner vorgesehen.«
- »Das kann ich meinem Team nicht auch noch zumuten.«
- »Ich schütze meinen Status.«

»Es macht mir Spaß.« Jede Führungskraft kennt Aufgaben, die sie getrost abgeben könnte, am liebsten aber selbst bearbeitet, und zwar aus leicht nachvollziehbaren, weil sehr menschlichen Motiven: Man schlägt sich im Lauf seines Chefseins mit genügend Sachen herum, die sein müssen, aber nicht auf der Agenda der »Top-10-Gründe für Arbeitszufriedenheit« stehen. Da ist es doch angenehm, sich Nischen und Steckenpferde zu bewahren, die ein Gefühl von Spaß und Befriedigung schaffen, weil zum Beispiel sichtbare Erfolge herausspringen oder man sich mal wieder profilieren kann, vor sich selbst und natürlich auch gegenüber seinen Mitarbeitern (»Seht her, der Chef kann's noch«). Auf Führungskräfteseminaren und in der Managementliteratur wird diesem Ansatz in der Regel großes Verständnis gezollt. Nach dem Motto: Belohnungsmechanismen sind für gestresste Chefs von Zeit zu Zeit völlig okay. Gönnen Sie sich also *dosiert* die kleinen und großen Wohlfühl-Jobs, die Sie bei strenger Betrachtung (Effizienz!) durchgängig delegieren könnten.

»Das kann (leider) keiner außer mir.« Wenn Sie die Kompetenzen Ihrer Mitarbeiter unter das Mikroskop legen und sich eingestehen müssen, dass in der Tat niemand außer Ihnen selbst für die Aufgabe X oder Y gerüstet ist, so wird es höchste Zeit für einen Kick-Start in Sachen Personalentwicklung. Beginnen Sie, Ihr Knowhow zu transferieren, führen Sie Ihre Mitarbeiter an die Aufgaben X und Y heran. An diesem Anspruch führt kein Weg vorbei. Ihn auszublenden bedeutet, dass Sie Ihre Rolle als Führungskraft noch nicht angenommen haben.

»Das kann (leider) keiner so gut wie ich.« Ihre Einschätzung kommt mit Sicherheit nicht von ungefähr. Sie sind nicht zuletzt deshalb Führungskraft geworden, weil Sie neben überdurchschnittlicher Leistungsbereitschaft (»Ich will«) ein umfangreiches Portfolio an Kompetenzen (»Ich kann«) in die Waagschale werfen konnten. Die Frage ist nur: Welche Erwartungen leiten Sie aus Ihren Kenntnissen und Fähigkeiten ab? Beziehungsweise: Müssen Ihre Mitarbeiter wirklich alles so gut draufhaben wie Sie, damit Ihr Team in puncto Zielerreichung erfolgreiche Arbeit abliefert? Die *Projektion des eigenen Maßstabs* (siehe Seite 106) ist eine Urteilstendenz, die Führungskräfte in vielen Fällen von mutigerem Delegieren abhält. Knacken lässt sich diese Blockade nur, indem

Sie sich darauf einlassen, Ihre hohen Erwartungen zu überprüfen.

»Der Aufwand ist zu hoch.« Bevor Sie sich den Stress aufwändiger Erklärungen und langwieriger Kontrollschleifen antun, machen Sie es lieber selbst. Natürlich gibt es Situationen, in denen diese Entscheidung vertretbar ist (zum Beispiel Handeln unter enormem Zeitdruck), grundsätzlich aber hat diese Einstellung schlicht und ergreifend als bedenklich zu gelten. Einmal mehr sind wir beim Thema Personalentwicklung. Ihre Rolle verlangt es, die Beschäftigung mit Ihren Mitarbeitern nicht zu scheuen. Dazu gehört die Akzeptanz der Tatsache, dass der Einsatz für Erklärungen, Feedback und Unterstützung intensiv ist und oft genug auf Kosten Ihrer Nerven geht. So klischeehaft es klingen mag – diese Investition werden Sie nur als lohnend empfinden, sobald Sie damit anfangen, sich »positives Denken« zu verordnen. Lernen Sie, Erfolge darin zu erkennen, dass sich der von Ihnen betriebene Aufwand sukzessive in dem Maße reduziert, in dem die Lern- und Leistungskurve Ihrer Mitarbeiter nach oben weist.

»Ich bin ein gebranntes Kind.« Wie hoch ist die Wahrscheinlichkeit, dass Sie beim Delegieren auf die Nase fallen? Sagen wir es mal mit einem Schuss Euphemismus: Der Prozentwert für das Eintreten dieses Falles tendiert nicht gegen null. Aufgaben zu übertragen bedeutet, dass Sie sich ein großes Stück weit auf andere verlassen – und dabei riskieren, sich immer dann verlassen vorzukommen, wenn die Arbeitsweise derjenigen, denen Sie Ihr Vertrauen schenken, mehr Konfusion und Ärger als verwertbare Ergebnisse produziert. Schade wäre allerdings, sollte die Schockwirkung einer solchen Erfahrung bei Ihnen derartig nachhallen, dass Sie die Möglichkeit des Delegierens bei ähnlichen Aufgabenstellungen in Zukunft nur zaudernd einsetzen oder gar ganz aus Ihrem Entscheidungsrepertoire streichen. Wie im Punkt zuvor greift auch hier die zugegebenermaßen nicht immer leicht zu beherzigende Maxime: Sie dürfen Aufwand und Auseinandersetzung nicht fliehen. Konzentrieren Sie sich auf die Ursachenanalyse, finden Sie gemeinsam mit den betreffenden Mitarbeitern heraus, worauf die Probleme in der konkreten Situation zurückzuführen sind, und wagen Sie dann (mindestens) eine zweite Chance. Das probateste Mittel besteht darin, schrittweise Erfolge zu kreieren, indem Sie beim nächsten Versuch die zu übertragende Aufgabe in a) kleinere und einfacher zu bewältigende Einheiten gliedern und b) die Teilergebnisse zum Gegenstand eng getakteter Berichts- und Feedbacktermine machen.

»Die Sache ist zu heikel.« Nicht nur in der Politik, sondern auch im Unternehmensdeutsch werden konfliktträchtige Themen gern mit Vokabeln wie *brisant, sensibel, delikat* (oder eben *heikel*) belegt und deshalb zur Chefsache erklärt. Ich gehe davon aus, dass Sie aus Ihrer beruflichen Praxis die unterschiedlichsten Beispiele für solche »heißen Eisen« kennen. Ein Hang zum Problematisieren, Stilisieren und Dramatisieren wird da bisweilen mitschwingen. Nichtsdestotrotz gilt: Sollten Ihnen Ratio und/oder (das nie zu unterschätzende) Bauchgefühl tatsächlich zurufen, dass eine Aufgabe zu heikel ist, dann lautet die alternativlose Entscheidung: selber machen statt delegieren.

»Für diese Aufgabe ist keiner vorgesehen.« Als Führungskraft werden Sie früher oder später mit folgender

Schieflage konfrontiert: Die Aufgaben, die auf Ihren Verantwortungsbereich einströmen, ändern sich mit größerer Dynamik, als es die Funktionsbeschreibungen, Stellenpläne und Abteilungsorganigramme in Ihrem Unternehmen abbilden. Sie können im Einzelfall natürlich versuchen, die Mehrbelastung für Ihr Team abzufedern, indem Sie eine unvorhergesehene Zusatzaufgabe selbst übernehmen. Als mittel- oder langfristige Strategie taugt dieses Verhalten jedoch keineswegs. Es ist zum einen völlig unrealistisch, als Führungskraft selbst alles »on top« machen zu wollen, zum anderen würden Sie sich letztendlich vor der Konfrontation mit den wesentlichen Fragen drücken. Um Kapazitäten für Neues freizuschaufeln, muss Ihre Antwort zunächst darin bestehen, signifikante Anpassungen zu prüfen, also insbesondere Aufgaben innerhalb Ihres Teams anders zu verteilen, in ihrer Bedeutung zurückzustufen beziehungsweise ganz über Bord zu kippen. Sollte sich dieses Szenario als leidlich durchführbar erweisen (und genau das wird Ihnen bei dünner Personalausstattung häufig passieren!), dann haben Sie nur eine Wahl: Nehmen Sie die Schutzfunktion für Ihr Team wahr, beziehen Sie gegenüber Ihrer Chefetage deutlich Position. Sagen Sie nein zu Aufgaben, die Ihnen und Ihren Mitarbeitern zusätzlich aufs Auge gedrückt werden sollen. Und setzen Sie sich zugleich für eine nachhaltige Lösung der Ressourcenfrage ein, die »von oben« mitgetragen wird. Machen Sie also klar, dass Sie neue Aufgaben zu übernehmen bereit sind, sofern Ihrem Team mehr Manpower zugeführt wird oder Aufgaben, an denen der Erfolg Ihres Teams bis dato gemessen wurde, von der Liste rutschen.

»Das kann ich meinem Team nicht auch noch zu-

muten.« Diesem Befund kann ebenfalls der Umstand zugrunde liegen, dass Ihr Team und Sie am Limit arbeiten und weitere Aufgaben Ihrer Meinung nach nur durch eine strukturelle Entscheidung sinnvoll angepackt werden können. Dementsprechend wäre es richtig, hier den Pflock einzuschlagen und gegenüber Ihrem Chef das Signal auszugeben: »So geht's nicht weiter. Keine neuen Aufträge ohne neue Kapazitäten.« Die Dinge können aber auch anders gelagert sein. Fragen Sie sich aufrichtig, ob Sie sich bei dieser Analyse von einem Solidar- und Protektionsempfinden (»Wir sitzen alle in einem Boot«) Ihrem Team gegenüber leiten lassen, das Ihren Blick für Effizienzsteigerungen möglicherweise eintrübt. Durchforsten Sie also noch einmal aufs Genaueste die eigenen Strukturen, Abläufe und Aufgaben, idealerweise gemeinsam mit Ihrem Team. Sie beugen damit der Gefahr vor, dass Ihnen und Ihren Mitarbeitern das Image einer Lamentiertruppe angeheftet wird.

»Ich schütze meinen Status.« Die Absicherung der eigenen Position ist eine alles andere als zu vernachlässigende Ursache für spärliches und zögerliches Delegieren. Angst vor Konkurrenz aus den eigenen Reihen und vor einem schleichenden Verlust an Einfluss und Wissen nährt diese Blockadehaltung. Obwohl sich das Führungskräfte aller Hierarchien nicht gern eingestehen: Aufgaben werden des Öfteren einzig und allein deshalb nicht abgegeben, weil die Bedenken, fachlich ins Hintertreffen zu geraten, so schwer wiegen. Dieser Wagenburg-Mentalität muss man klar entgegenhalten, dass sie die Entwicklung und Ausprägung von Managementqualitäten nicht befördert. Perspektivisch betrachtet hilft nur, sich aus der Hülle des Fachexperten zu häuten und sein

Koordinatensystem eindeutig und konsequent auf das Thema Führung auszurichten. Die Fähigkeit des Delegierens gehört zwingend dazu, inklusive des geordneten Rückzugs aus der Identifikation mit dem Status des *Wissensträgers* und der Hinwendung zu neuen Rollendefinitionen wie der des *Förderers, Koordinators* und *Strategen.*

Checkliste: 17 Klassiker des fehlerhaften Delegierens

Sie delegieren …	Das sollten Sie ändern, denn:
1. auf den letzten Drücker.	Ihre Mitarbeiter werden sich recht bald zu fragen beginnen, wie es um Ihr Zeitmanagement und Ihre Fähigkeit zu vorausschauender Planung bestellt ist.
2. nur die einfachen Aufgaben.	Ob gewollt oder unbewusst: Sie halten Ihre Mitarbeiter auf diese Weise klein und leisten keinen Beitrag zu ihrer Weiterentwicklung. Die Rolle des Demotivators ist Ihnen in jedem Fall gewiss.
3. nur die unattraktiven Aufgaben.	Auch mit diesem Verhalten ernten Sie bei Ihren Mitarbeitern auf Dauer nur eines: Frust statt Lust.
4. dieselbe Aufgabe an mehrere Mitarbeiter.	Die Strategie des »Mal schauen, wer's besser macht« ist destruktiv: Delegieren Sie mit doppeltem Boden, so untergraben Sie das Vertrauen in Ihre Person und entziehen sich und Ihrem Team das Fundament für kooperatives Arbeiten.

Sie delegieren …	Das sollten Sie ändern, denn:
5. ohne über den Sinn der Aufgabe aufzuklären.	Als Führungskraft stehen Sie in der Verantwortung, Ihre Mitarbeiter vor dem Delegieren einer Aufgabe mit *allen* notwendigen Informationen zu versorgen (»Kein Delegieren ohne lückenloses Briefing«). Zudem sollten Sie grundsätzlich damit rechnen, dass sich kaum jemand mit vollem Einsatz hinter einen Auftrag klemmt, wenn nicht zu erkennen ist, was das Ganze soll.
6. ohne Feedback und Ergebniskontrolle.	Das Delegieren einer Aufgabe darf nicht dazu führen, dass Sie Ihr Interesse abstreifen. Definieren Sie – gemeinsam mit dem Träger der Aufgabe – *Teilergebnisse* und vereinbaren Sie Termine, an denen Sie *Statusberichte* und *Feedbackgespräch* miteinander koppeln. Das hat mit Respekt für das Geleistete zu tun und schützt Sie überdies vor unliebsamen Überraschungen. Kontrolle muss sein! Bedenken Sie: Als Führungskraft sind Sie für das Ergebnis immer mitverantwortlich.
7. und kümmern sich dann doch selbst um alles, sobald die Aufgabe an Sie zurück delegiert wird.	Rückdelegierung ist in der Regel ein Symptom des zuvor beschriebenen Punktes, sprich ein Indiz für unzureichende Ergebnis. kontrolle und Wegbegleitung. Folglich gilt auch hier:

Sie delegieren …	Das sollten Sie ändern, denn:
	Feedbackschleifen und die Definition von Teilergebnissen sind die wirksamste Prophylaxe gegen die voreilige Rückannahme eines unbearbeiteten oder nur partiell erfüllten Auftrags.
8. eine aus dem Zusammenhang gerissene Aufgabe.	Es lauert die Gefahr unnötiger Doppelarbeit. Prüfen Sie genau, ob das Delegieren einer Aufgabe Effekte induziert (mehr Schnittstellen, mehr Koordinationsbedarf, mehr Aufwand!), die von Ihren Mitarbeitern eher als ineffizient denn als förderlich empfunden werden. Übertragen Sie Aufgaben *vollständig*, delegieren Sie keine Teilaufgaben, die für sich genommen keinen Sinn machen.
9. immer an den, der nicht nein sagen kann.	Sie gehen den Weg des geringsten Widerstands, anstatt sich mit Steuerungsaspekten zu beschäftigen (zum Beispiel »gerechte« Verteilung der Mehrarbeit, Berücksichtigung der individuellen Arbeitsbelastung).
10. immer an den, der es am besten kann.	Dieser Ansatz ist zwar bequem, Sie werden so aber nicht dem Anspruch gerecht, die Entwicklung Ihrer ausbaufähigen Mitarbeiter voranzutreiben.

Sie delegieren …	Das sollten Sie ändern, denn:
11. und setzen dabei künstlich knappe Fristen.	Gehen Sie davon aus, dass sich Ihre Mitarbeiter ziemlich schnell von dieser Vorgehensweise verschaukelt fühlen. Wenn Sie Aufgaben mit den Attributen »höchste Priorität« und »supereilig« ankündigen, sich aber wiederholt herausstellt, dass alles nicht so heiß gegessen wird, dann öffnen Sie Vertrauenszweifeln Tür und Tor: Was traut unser Chef uns überhaupt zu? Wie glaubwürdig sind seine Aussagen?
12. Aufgaben, die Ihre Mitarbeiter nicht bewältigen können.	Der Schluss liegt nahe, dass Sie die Ihnen zur Verfügung stehenden »Mittel« falsch einschätzen. Folgende Varianten stecken zumeist dahinter: *a)* Sie übertragen Aufgaben an Mitarbeiter, die nicht über die dafür notwendigen Qualifikationen verfügen (oder nicht schnell genug für die Aufgaben fit gemacht werden können). *b)* Sie delegieren Aufgaben, die ohne substanzielle Unterstützung Ihrerseits nicht zu schaffen sind. *c)* Sie haben die Mitarbeiter nicht mit allen erforderlichen Ressourcen ausgestattet (etwa ausreichend Zeit, Entscheidungskompetenzen, Materialien und Arbeitsmittel). *d)* Die Rahmenbedingungen (zum Beispiel unzureichendes Finanzbudget, fehlende Rückendeckung

Sie delegieren …	Das sollten Sie ändern, denn:
	Ihres Chefs, Kompetenzgerangel mit Nachbarabteilungen) stehen der Bewältigung der Aufgaben entgegen.
13. ungenau und ohne klare Vereinbarungen.	Die eindeutige Formulierung von Aufträgen (angestrebtes Ziel, konkrete Termine, Definition von Qualitäts- und Erfolgskriterien) ist eine der essenziellen Anforderungen, an denen Sie als Führungskraft gemessen werden – von Ihren Mitarbeitern wie von Ihrem eigenen Chef.
14. und geben dabei den Weg haarklein vor.	Sie werden die Motivation Ihrer Mitarbeiter nicht ankurbeln, wenn Sie ihnen das Gefühl vermitteln, Erfüllungsgehilfen zu sein, die Vorgaben vorschriftsmäßig abarbeiten dürfen, sodass ihre Kreativität und Eigeninitiative von vornherein gedeckelt wird.
15. und greifen dann immer wieder steuernd ein.	Überbordende Kontrolle ist ein weiterer Lusthemmer. Warum sich einer Aufgabe mit Eifer und Esprit verschreiben, wenn der Chef nicht davon lassen kann, die ganze Zeit für einen mitzudenken? Ein fortwährendes Dazwischenfunken belegt zudem, dass Sie im Vorfeld versäumt haben, die Kontrolletappen festzulegen (*Wann* wird *welches*

Sie delegieren ...	Das sollten Sie ändern, denn:
	Teilergebnis nach *welchen Kriterien* kontrolliert?)
16. und vergessen später, Ihre Mitarbeiter da rüber zu informieren, dass sichdie Priorität geändert hat.	Zu Ihrem Job als Führungskraft gehört es, Ziele neu zu adjustieren. Ihren Mitarbeitern zeitnah transparent zu machen, dass sich die Priorität (meint sowohl die Wichtigkeit als auch die Dringlichkeit!) übertragener Aufgaben zugunsten anderer verschiebt, gehört genauso dazu.
17. und treffen keine Vereinbarung zur Rückmeldung bei Problemen.	Das Fehlen eines Frühwarnsystems fällt in erster Linie auf Sie zurück. Es ist Ihre Aufgabe, die Spielregeln (zum Beispiel »Stopp-Kriterien«) für den Umgang mit Problemsituationen festzuzurren. Nur so schaffen Sie die Grundlage dafür, dass Ihre Mitarbeiter rechtzeitig von sich aus Alarm schlagen.

6. Haifischbecken Chefetage: Die sechs Säulen des politischen Instinkts

Um als Führungskraft karrieretechnisch durchzustarten, müssen Sie nicht wie Darth Vader in »Krieg der Sterne« zur dunklen Seite der Macht überlaufen. Die Feststellung, dass so mancher Vorgesetzte ein Machthai ist und die gefühlte Temperatur in den oberen Chefetagen des Öfteren gen kalter Krieg tendiert, darf nicht den Blick darauf verstellen, dass es für eine nachhaltige Managementlaufbahn auf Persönlichkeitsfaktoren ankommt, die ethisch wie moralisch einwandfrei sind. Um als Führungskraft dauerhaft zu reüssieren, brauchen Sie (neben Ehrgeiz)

- Wettbewerbsorientierung,
- Lust auf Einflussnahme und Gestaltung,
- politischen Instinkt.

Wettbewerbsorientierung bedeutet insbesondere, dass Sie vor der Konkurrenz Ihrer Artgenossen – den Führungskollegen Ihrer Ebene – keine Angst haben. Und zwar ganz unabhängig davon, ob diese Konkurrenz als fairer Wettstreit, Kampf mit offenem Visier oder Spiel mit verdeckten Karten ausgetragen wird.

Die Lust auf Einflussnahme und Gestaltung ist der natürliche Appetit auf mehr, die Neugier auf die Möglichkeiten, die eine Erweiterung des eigenen Aktionsradius (zum Beispiel durch den Sprung auf die nächsthöhere Managementebene oder die Ausdehnung des Verantwortungsbereichs) bereithält. Mein Chef hat diesen Appetit auf mehr in einem unserer Gespräche für dieses Buch einmal mit folgender Analogie umschrieben: Stellen Sie sich vor, Sie stünden als kleiner Statist in Shakespeares »Hamlet« auf der Bühne. Wenn Sie fühlen, dass da mehr in Ihnen lodert, dass Sie das Zeug zu einem guten Schauspieler haben, dann dürfen Sie sich nie und nimmer mit dem Part des Komparsen begnügen, dann muss es Ihr Drang sein, selbst irgendwann den Hamlet zu spielen.

Politischer Instinkt ist das Aggregat der sechs Verhaltensregeln, die ich Ihnen jetzt vorstellen möchte. Ich halte diesen Instinkt (in weiten Teilen) für antrainierbar. Oder sagen wir es so: Für das Erlernen der Regeln ist der erste Führungsjob das ideale Schulungsgelände. Nutzen Sie ihn als eine Art Aufwärmbecken, in dem Sie Ihre Trainingsrunden ziehen, um für sich herauszufinden, ob Sie wirklich der Typ sind, der später mit den großen Haien schwimmen will.

1. Schärfen Sie Ihren Blick für Machtverhältnisse

Ein Unternehmen ist ein genauso politisches Gebilde wie eine große Partei. Es gibt die Welt der geordneten Kästchen, und jedes Kästchen steht für eine bestimmte Funktion und Hierarchiestufe. Und es gibt das Beziehungsgeflecht jenseits der Organigramme. Wer sind die Duzkumpanen Ihres Chefs, mit denen er am Wochenende zum Golfen geht? Wer hat Leichen im Keller, und wer weiß davon? Wer sitzt längst auf einem abgesägten Ast und ahnt noch nicht, wer ihn in Kürze beerbt? Derartige Wer-mit-wem-Fragen können Sie in beliebiger Zahl stellen; sie sind der Stoff, aus dem die großen Ränkespiele gewoben werden.

Vielleicht sind Sie der Typ, der sich vom ersten Tag an für machtpolitische Themen begeistern kann und bei jedweder Gelegenheit (prima geeignet: Lunchtermine mit Teamleitern aus anderen Abteilungen als dem eigenen Bereich) begierig die neuesten Infos aufsaugt. Oder gehören Sie zu jenen, die sich lieber aus dem Geplapper ausklinken, wenn nach dem zweiten Cocktail auf der After-Work-Party mal wieder wild spekuliert und kolportiert wird? In erstgenanntem Fall rate ich, per se nur die Hälfte von dem zu glauben, was Ihnen aufgetischt wird. Nichts für ungut, aber als Neuling im Umgang mit der Macht haben Sie noch nicht die Erfahrung, um in Gänze zu durchschauen, wer welche Informationen zu welchem Zweck streut. Trifft eher zweite Beschreibung auf Sie zu, dann sollten Sie sich einen Ruck geben. Nicht wegschauen, sondern hinhören und abspeichern, lautet die Devise. Es führt kein Weg daran vorbei: Als Führungskraft müssen Sie Ihre Sensorik für die Machtverhältnisse im Unternehmen entwickeln, und das am besten mit Besonnenheit und vorsichtiger Beobachtung.

Damit meine ich zweierlei. Gewöhnen Sie sich erstens an, bei jeder größeren Zusammenkunft Ihres Managements (zum Beispiel Klausurtagung aller Führungskräfte aus Ihrem Bereich) die Antennen auszufahren. Mit wem redet Ihr Chef, wem wird aufmerksam zugehört, wer bleibt blass oder hält sich dezent im Hintergrund – Material für interessante Observationen liefern solche Anlässe zuhauf. Und zweitens: Schmieden Sie keine übereilten Allianzen mit Kollegen aus dem Führungszirkel, die Ihnen zwar auf den ersten Eindruck sympathisch erscheinen, die Sie aber noch alles andere als gut kennen. Hüten Sie sich auch vor einem allzu kumpelhaften Umgang (einer, das sei nebenbei bemerkt, vor allem männlichen Attitüde). Gerade wenn Sie relativ neu im Unternehmen sind oder noch keine Gelegenheit hatten, die Zusammenarbeit mit den anderen »Spielern« anzutesten, liegen die Gründe für diese Warnhinweise auf der Hand. Weder können Sie sicher sein, wie Ihr Chef das Thema Jovialität bewertet, noch haben Sie genügend Anhaltspunkte für die Entscheidung, ob Sie sich nicht gerade mit den Falschen fraternisieren; falsch im Sinn von unaufrichtig ebenso wie falsch im Sinn von »Nichtskönner« oder »Loser«, den die anderen genau deshalb meiden.

2. Stehen Sie zu Statussymbolen

Laptop, Diensthandy, Firmenwagen: Führungspositionen sind in vielen Unternehmen nach wie vor mit Privilegien ausgestattet. Solche Statussymbole als uncool und unwichtig zu empfinden ist eine Spielart des Understatement, die Sie als Führungskraft nicht zur Schau stellen sollten. Auch für den Fall, dass Sie keinen gesteigerten Wert auf die Insignien Ihrer Chefrolle legen, müssen Sie zur Kenntnis nehmen, dass Menschen auf solche Symbole reagieren. Denken Sie allein an den Kreis Ihrer Führungskollegen oder die Managementebenen über Ihnen: Sie riskieren, ein »Statusproblem« zu kultivieren, das von all jenen, die mit den Accessoires ihrer Position unbekümmert umgehen, als kapriziös und sonderlich ausgelegt wird. Ob dieses Querschießen den Aufwand lohnt, halte ich für mehr als fraglich. So selbstverständlich es sein sollte, kein profilneurotisches Tamtam um Statussymbole zu veranstalten, so selbstverständlich sollten Sie all das in Anspruch nehmen, was in Ihrem Unternehmen auf Ihrer Ebene nun mal dazugehört. Wenn alle anderen Business Class fliegen, spricht nichts dafür, dass Sie auf Economy umsteigen.

3. Verkaufen Sie Ihre Erfolge

Falls Sie schon immer ein Problem mit Selbstdarstellern hatten, sei gesagt: Ich kann Sie verstehen. Die Zahl derer, denen die Gene für die Vermarktung ihrer Person und ihres Schaffens in die Wiege gelegt zu sein scheinen, ist in Managementfunktionen nicht gerade klein. Es wäre allerdings eine Form von Hochmut, sollten Sie dazu neigen, sich über das Thema Selbstmarketing zu erheben, indem Sie es als »unter Ihrem Niveau« abtun und alle anderen, die es draufhaben und konsequent durchziehen, als narzisstische Schaumschläger verurteilen. Denn unbestritten ist: Werbung in eigener Sache, verstanden als geschicktes Verkaufen Ihrer Arbeit, können Sie aus Ihrem Job als Führungskraft nicht ausklammern. Nicht nur, weil es mit Blick auf Ihre persönliche Positionierung blauäugig und töricht wäre, sondern schon allein deshalb, weil Sie es Ihrem Team schuldig sind, sich hundertprozentig für die Würdigung von Geleistetem zu engagieren. Dafür ist es eben notwendig, Erfolgen die entsprechende Wahrnehmung zu verschaffen und auf Außenwirkung und Öffentlichkeitsarbeit (PR) bedacht zu sein. Anders gesagt: Sie mutieren nicht gleich zum gockelhaften Inszenierer, wenn Sie sich ein paar Vermarktungsfinessen zu Eigen machen. Folgende vier Tipps würde ich Ihnen grundsätzlich nahe legen:

- **Kein Meeting unter Ihresgleichen ohne eine positive Nachricht im Gepäck.** Gehen Sie jederzeit vorbereitet und wachsam in Meetings mit Ihren Führungskollegen und Ihren Chefs. Was das Produzieren von Ergebnissen anbelangt, kommt bei solchen Zusammentreffen unterm Strich zumeist wenig heraus; häufig ist es allein der Austausch von Statusberichten, der die Agenda bestimmt. So innerlich gelangweilt man solche Termine des Öfteren absitzen mag, man sollte nichtsdestotrotz sprungbereit sein, wenn die Zeit daran ist, den Stand der Dinge im eigenen Verantwortungsbereich darzustellen. Eben das wird genauestens registriert. Hüten Sie sich in diesem Sinn vor einem typischen Verhaltensfehler in langen und langatmigen Sitzungen, nämlich dem latent genervten Herunterspulen Ihrer Themen. Bemühen Sie sich um Ausstrahlung, formulieren Sie nicht gedankenverloren, sondern auf den Punkt – seien Sie so gut präpariert, dass Sie (gefragt oder ungefragt) der Runde etwas Positives aus Ihrer Hemisphäre unter die Nase reiben können.

- **Niemals bei der äußeren Form schludern.** Geben Sie sich keine Blöße bei der Aufbereitung wichtiger Unterlagen, Präsentationen oder Vorträge. Nehmen Sie alles ernst, was zur visuellen Verpackung Ihrer Ergebnisse zählt. Rechtschreibfehler auf der ersten Seite einer Vorstandsvorlage oder Power-Point-Charts für eine Managementsitzung, die weder dem Kriterium der Übersichtlichkeit noch den Corporate-Design-Richtlinien Ihres Unternehmens genügen, sind nur zwei von vielen Beispielen für vermeidbare Nachlässigkeiten, die nicht zum Bagatellisieren taugen, weil vermeintlich kleine Fehler dem kritischen Betrachter immer zuerst ins Auge springen.
- **Interne Marketingkanäle nutzen.** Fast jedes Unter-

nehmen leistet sich einen Mix aus Informations- und Kommunikationsmedien, vom schwarzen Brett über die Hauszeitung bis hin zur Intranetplattform und dem elektronischen Newsletter für Führungskräfte. Die Breitenwirkung solcher Medien sollte man niemals gering schätzen. In der Regel werden sie von allen Mitarbeitergruppen aufmerksam rezipiert. Gerade in großen Unternehmen sind sie ein unverzichtbares Mittel, um firmenweit über Auftrag und Arbeit einzelner Abteilungen zu informieren. Führungskräfte, die verstanden haben, dass die professionelle Vermarktung der Ergebnisse zur Arbeit eines Profis gehört, werden ihre Leistung immer auch über die internen Marketingkanäle zu platzieren wissen. Um es auf ein Beispiel zuzuspitzen: Wenn jemand aus Ihrem Team einen Verbesserungsvorschlag ersonnen hat, der Ihrem Unternehmen den Betrag X einspart, dann ist das eine News für Ihre Hauszeitung. Und es ist Ihre Aufgabe, dies dem Leiter der Kommunikationsabteilung schmackhaft zu machen.

- **Geleistetes möglichst leicht aussehen lassen.** Widerstehen Sie der Versuchung, Ihre Führungskollegen oder Ihren Chef ständig darauf hinzuweisen, wie hart Sie persönlich arbeiten. Das wirkt früher oder später larmoyant und wirft mehr skeptische Fragen (»Kriegt der seinen Job auf die Reihe?«) als Bewunderung und Mitgefühl auf. Gleiches gilt für die Art und Weise, wie Sie den Weg zu Ihren Ergebnissen thematisieren. Ich warne davor, unnötig tiefe Einblicke zu gewähren. Dass zum Beispiel viele Dinge mit heißer Nadel gestrickt sind, ist allen Beteiligten völlig klar. Nur: Man schweigt sich an diesem Punkt üblicherweise aus. Lang gediente Manager werden Ihnen bestätigen, dass der ungeschriebene Verhaltenskodex in Führungspositionen dahin geht, Geleistetes möglichst unangestrengt, mühelos und souverän erscheinen zu lassen. Überlegen Sie sich daher von Situation zu Situation sehr genau, wann Sie mit dieser Spielregel brechen und den anderen enthüllen, wie viel Plackerei beziehungsweise welche Tricks und Techniken hinter Ihrer Arbeit stecken.

4. Werden Sie Netzwerker

Nicht Anzeigen und Ausschreibungen, sondern persönliche Kontakte öffnen in vielen Branchen die Tür zu den interessanten Jobs. Das ist der populärste und sattsam zitierte Aspekt der beruflichen Beziehungspflege, die als *Networking* Begriffskarriere gemacht hat. Den Auf- und Ausbau Ihres externen wie firmeninternen Netzwerkes sollten Sie sich aber nicht nur aus diesem Grund auf die Fahnen schreiben. Sowohl im Tagesgeschäft als auch bei den strategisch getriebenen Themen Ihrer Führungsaufgabe können Ihnen persönliche Kontakte (die im Übrigen häufig über Hierarchieebenen hinausreichen) gute Dienste leisten. Zum Beispiel in Hinsicht auf:

- **Unkomplizierte Informationsbeschaffung.** Eine Verabredung zum Mittagessen, ein Anruf, der sofort durchgestellt wird, eine postwendend beantwortete E-Mail: Wer sich bereits beschnuppert hat (zum Beispiel beim lockeren Plausch auf dem gemeinsamen Seminar oder der letzten Jubiläumsfeier), der wird Informationen über Abteilungsgrenzen hinweg schneller und bereitwilliger austauschen. Den berüchtigten »Dienstweg« bemühen Netzwerker eher selten.
- **Schützenhilfe.** Sie benötigen dringend eine fachliche

Impfung, weil Sie in Kürze die Verantwortung für ein Thema übernehmen, in dem Sie ziemlich blank sind? Gut, wenn Sie dann jemanden kontaktieren können, bei dem Sie das Gefühl haben, dass er Ihnen gern auf die Sprünge hilft und die Offenbarung Ihrer Wissenslücken nicht gegen Sie verwendet.

- **Frische Ideen.** Ob Personalmanager, Investmentbanker oder Marketingleiter, viele Berufe haben Szene-Charakter; man trifft seine Pendants aus anderen Unternehmen und Branchen auf Kongressen, Symposien, Vorträgen. Eine wunderbare Gelegenheit, das eigene Tun einem prüfenden Vergleich zu unterziehen und die eine oder andere Anregung, die man beim Gespräch am Rand der Veranstaltung angerissen oder vertieft hat, mit nach Hause zu bringen.
- **Bündnisse für Erfolg.** Sie werden erleben, dass Wohl und Wehe der Aufgaben, an denen Sie von Ihren Chefs gemessen werden, fast immer von der Zusammenarbeit mit anderen Abteilungen abhängen. Und Sie werden erleben, wie oft solche Kooperationen erst dann Fahrt aufnehmen, wenn es auf der Arbeitsebene richtig gekracht hat und sich alle zuständigen Führungskräfte an einen Tisch gesetzt haben, um sich einander die begangenen Fehler, ungeklärten Schnittstellen, schwelenden Animositäten etc. zwischen den Abteilungen vorzuhalten. Als Netzwerker steigen Ihre Chancen, den großen Knall zu vermeiden. Und zwar immer dann, wenn Sie sich bereits in einem frühen Stadium mit den Leitern der anderen Abteilungen kurzschließen und ausloten, welche Bedingungen und Partikularinteressen erfüllt sein müssen, damit am Ende alle Beteiligten das Projekt als »ihren Erfolg« werten können.

Ob Sie Ihre Kontakte nüchtern-distanziert pflegen und in erster Linie zum Abgleich von Sachinformationen nutzen oder Ihr Netzwerk auch als unverzichtbare Tauschbörse für die aktuellen Gerüchte begreifen (sehr beliebt: das Ratschen über brancheninterne Personalia im Stil von »Wer sitzt fest im Sattel, wer ist auf der Abschussliste, wessen Job ist gerade frei geworden?«), ist natürlich eine Frage, die nur Sie allein beantworten können. Gleichwie gilt in beiden Fällen, dass Ihre Einbindung ins Netzwerk maßgeblich davon bestimmt wird, inwieweit die anderen Sie als wertvollen Kontakt wahrnehmen. *Do ut des*, das althergebrachte Gesetz jeder Machtpolitik, greift auch beim Thema Networking: Nehmen funktioniert nicht ohne Geben.

5. Seien Sie kampfeswillig

Bekommen Sie im nächsten Jahr einen höheren Etat für Ihre Marketingprojekte oder kann sich der Leiter der IT-Abteilung mit seinen Forderungen durchsetzen? Werden die Stellen, die Ihr Unternehmen im Zug des Kostensparprogrammes streicht, bei Ihnen eingespart oder muss das Nachbarteam dran glauben? Wie reagieren Sie auf den Kollegen, der im Führungskreis schon seit langem unverhohlen dafür Stimmung macht, bei der nächsten Umstrukturierung Teile Ihres Verantwortungsbereichs ihm zuzuschlagen, weil das doch die naturgemäße, da kundenfreundlichere Lösung sei? Drei Beispiele, eine Botschaft: Als Führungskraft werden Sie sich an fortwährende Verteilungskonflikte unter Ihresgleichen gewöhnen müssen. Es geht um die Ausdehnung von Einfluss, es geht um Geld und Personal. Ressourcenkämpfe sind »part of the game«. Manche empfinden sie als besonderen Kitzel, andere eher als leidige Begleiterscheinung eines Führungsjobs. Wie auch immer – den Kampf annehmen müssen Sie, eine Alternative gibt es nicht. Sie müssen bereit sein, für Ihre Sache einzustehen und hart und hartnäckig dafür zu streiten. Machen Sie sich dabei eines bewusst: Sie werden sich in den Verteilungskonflikten nicht immer durchsetzen können, und dennoch Sie sind dazu verdammt, Erfolge zu erzielen, wobei das Erreichen von Kompromissen hier ausdrücklich dazuzählt. Ihre Mitarbeiter beobachten sehr genau, wie Sie – und damit Ihr Team! – beim Tauziehen um Einfluss und Ressourcen abschneiden. Sollten Sie zu friedliebend und nachgiebig auftreten oder, schlimmer noch, regelmäßig als der Geschlagene aus dem Hauen und Stechen hervorgehen, dann müssen Sie damit rechnen, die Achtung Ihrer Mitarbeiter einzubüßen. Einen Verlierer als Vorgesetzten werden die wenigsten ertragen können.

6. Lösen Sie Konfrontationen mit strategischem Kalkül

Ganz gleich, ob man sich abendländischer Aphorismen bedient (»Die kaltblütigen Thiere allein sind die giftigen«, Arthur Schopenhauer), militärische Bonmots heranzieht (»Die größte Gefahr lauert im Moment des Sieges«, Napoleon Bonaparte) oder sich in fernöstliche Weisheiten vertieft (»Je länger ich still bleibe, desto eher werden andere ihre Lippen und Zähne bewegen. Und wenn sie ihre Lippen und Zähne bewegen, kann ich verstehen, was ihre wahren Absichten sind ...«, Han Fei-tzu, chinesischer Philosoph) – die Essenz dessen, was in Jahrhunderten über die Auseinandersetzung mit einem Gegner gesagt und geschrieben wurde, ist zeitlos und lautet stets: Handlungsfähig bleibt, wer mit kühlem Kopf agiert und seine Emotionen so gut wie möglich aus dem Spiel lässt.

Auch Ihr Konfliktmanagement (hier gemeint als das Bemühen um Auflösung einer wie auch immer gearteten Konfrontation mit anderen Abteilungen, Projektteams, dem Betriebsrat, dem Vorstand) sollte sich von dieser Maxime leiten lassen. Kluges Konfliktmanagement ist durch und durch *strategisch*, im Denken ebenso wie im Reden und im Handeln, und wird immer von drei Pfeilern gestützt: Analyse der Gegenseite, Verhandlungstaktik und Zukunftsgewandtheit. Die wichtigsten Strategieelemente habe ich hier zusammengefasst. Wenn Sie Gefallen an dieser Materie finden, kann ich nur empfehlen, per gezielter Lektüre tiefer einzusteigen. Strategisches Konfliktmanagement ist ein Thema, das ein Einlesen in die Feinheiten wirklich lohnt.

Analyse der Gegenseite:

- Ermitteln Sie, wer die Entscheidungen trifft.
- Finden Sie heraus, ob sich der Entscheider auf die Meinung/Fachkenntnis von Beratern stützt. Wenn ja, befassen Sie sich eingehend mit der Position und dem Einfluss dieser Meinungsbildner.
- Werden Sie sich über die Schwachstellen der Gegenseite klar (zum Beispiel interne Machtkämpfe, Partikularinteressen, die Sie sich zunutze machen können).
- Versetzen Sie sich in die Situation der Gegenseite und fragen Sie sich: Was ist die Position Ihres Konfliktpartners? Welchen Verhandlungsspielraum hat er? Welchen Druck übt sein eigenes Lager aus?

Beachten Sie: Natürlich sollten Sie wissen, auf welcher

Flanke Sie angreifbar sind. Vergessen Sie also nicht, Ihre eigenen Schwachstellen zu analysieren.

Verhandlungstaktik:

- Adressieren Sie an Ihre Gegenseite ausschließlich klare Botschaften. Ein deutliches Zeichen Ihrer Entschlossenheit und Standfestigkeit setzen Sie, indem Sie die Dinge ohne Umschweife ansteuern: Übermitteln Sie Ihre *Forderungen* (Was wollen Sie von der anderen Seite?), verdeutlichen Sie Ihr Arsenal an *Drohungen* (Wozu sind Sie in der Lage, wenn die andere Seite nicht auf Ihre Forderungen eingeht?) und legen Sie Ihre *Angebote* dar (Was sind Sie zu geben bereit, wenn die andere Seite Kooperationsmöglichkeiten und Kompromissformeln anbietet?).
- Verwässern Sie nicht die Klarheit Ihrer Botschaften, indem Sie Ihre Forderungen, Drohungen und Angebote mit düsteren Andeutungen garnieren (»Wenn Sie auf diesen Kompromiss nicht eingehen, muss ich eben zu anderen Mitteln greifen!«).
- Bleiben Sie auch dann dieser kühlen Klarheit treu, wenn sich die Gegenseite in Ton und Stil vergreift und Sie beispielsweise mit Beleidigungen und zynischen Drohgebärden attackiert. Lassen Sie sich durch emotionale Entgleisungen Ihres Gegenübers nie dazu verführen, Ihrerseits mit unsachlichen Angriffen und Sticheleien zu reagieren.
- Hören Sie durch die Provokationen hindurch. Konzentrieren Sie sich darauf, aus den Einlassungen das herauszufiltern, was die Gegenseite an verhandelbaren Punkten in den Ring wirft.

Beachten Sie: Bauen Sie niemals ein Drohszenario auf,

das Sie nicht in die Tat umsetzen können. Zu einer machtvollen Demonstration Ihres Drohpotenzials gehört, dass für die Gegenseite nachvollziehbar ist, über *welche Mittel* Sie verfügen und *warum* Sie imstande sind, diese einzusetzen. Achten Sie überdies bei der Formulierung Ihrer Angebote darauf, dass es in so mancher Konfliktsituation taktisch clever ist, nicht gleich zu Beginn alle Trümpfe auszureizen. Bieten Sie etwas an, für das Sie Ihrerseits eine Gegenleistung einfordern. Die Annäherung an solide Kompromisse erfolgt häufig Zug um Zug.

Zukunftsgewandtheit:

- Denken Sie über den aktuellen Konflikt hinaus, behalten Sie immer die weitere Zusammenarbeit mit Ihrem Konfliktpartner im Blick. Wenn Sie die Chance sehen, sich auf einen Kompromiss einzulassen, mit dem beide Parteien gut leben können, dann ist es perspektivisch betrachtet allemal klüger, den Erfolg zu teilen, als einen Sieg auf ganzer Linie auskosten zu wollen.
- Führen Sie Ihren Gegner nicht vor, indem Sie seine Unzulänglichkeiten im soeben überwundenen Streitfall gegenüber Unbeteiligten thematisieren.
- Ist der Konflikt beendet, so vergeben Sie sich in vielen Fällen nichts, wenn Sie auf Ihren Kontrahenten zugehen und Bereitschaft signalisieren, atmosphärische Spannungen durch ein klärendes Gespräch zu bereinigen.

Beachten Sie: Hart in der Sache, fair im Umgang. Angesichts der Aggressivität, mit der man als Führungskraft in zahlreichen Grabenkämpfen angegangen wird, kann es außerordentlich schwer fallen, die eigenen Gefühlswallungen unter Kontrolle zu halten und seine Worte genau abzuwägen. Und dennoch ist und bleibt dieses rationale Herangehen diejenige Form der Konfliktlösung, die in unserer Gesellschaft als die zivilisierteste empfunden wird und auf die größte Akzeptanz trifft. Den Respekt von Mitarbeitern, Kollegen und Vorgesetzten gewinnt am Ende immer der, der den temperierten Umgang mit seinen Emotionen zu pflegen weiß und sich auch unter akutem Beschuss im Griff hat.

7. Anstelle eines Schlussworts: Selbstcheck

Dieses Kapitel ist wie das Bonusmaterial auf einer DVD. Das Wesentliche ist aus meiner Sicht gesagt, aber wenn es ruhig noch ein bisschen mehr sein darf – sehr gern, hier kommt der Nachschlag. Drei kleine Testbatterien, denen Sie sich ganz relaxt widmen können. Ob Sie im Folgenden die Punkte tatsächlich ankreuzen und geflissentlich addieren oder nonchalant über diese Fingerübung hinwegsehen, ist nicht entscheidend. Betrachten Sie die Tests einfach als Einladung, wesentliche Aussagen und Botschaften des Buches zu rekapitulieren, zu vertiefen, um Nuancen zu erweitern. Für die »Extended Version« Ihrer Lesereise durch das Abenteuer Führung wünsche ich Ihnen noch einmal viel Aufschlussreiches.

Prüfen Sie Ihre Weisheit!

Ich stelle Ihnen jetzt zehn thesenartige Statements vor. Lesen Sie sich eines nach dem anderen durch und halten Sie jedes Mal spontan – ohne allzu langes Hin- und Herüberlegen – fest, inwieweit Sie der jeweiligen These zustimmen. Nutzen Sie dabei folgende Punkteskala, die ich Sie voll auszuschöpfen bitte: Mit dieser Aussage stimme ich »voll« (= 4), »ziemlich« (= 3), »etwas« (= 2), »kaum«

(= 1) oder »nicht« (= 0) überein. Ringen Sie sich bei der Punktvergabe zu einer ehrlichen Spreizung durch, machen Sie es sich nicht zu einfach, indem Sie vorwiegend nur auf einen Skalenwert setzen. Zur Auswertung kommen wir dann direkt im Anschluss.

Zehn Thesen ...

1. Die Menschen sind weniger veränderbar, als wir glauben.	0	1	2	3	4
2. Individualität ist faszinierend.	0	1	2	3	4
3. Dass jeder alles erreichen kann, ist ein Märchen.	0	1	2	3	4
4. Die Mitarbeiter haben weit mehr in der Hand als die Führungskraft.	0	1	2	3	4
5. Erwarte immer das Beste von den Menschen.	0	1	2	3	4
6. Die besten Mitarbeiter verdienen die meiste Aufmerksamkeit.	0	1	2	3	4
7. Fähige Mitarbeiter brauchen fähige Vorgesetzte.	0	1	2	3	4
8. Schlechte Beziehungen lassen sich nur dadurch heilen, dass man sie beendet.	0	1	2	3	4
9. Jede Tätigkeit hat ihren Adel.	0	1	2	3	4
10. Leistungsdruck ist nötig, um gute Ergebnisse zu erreichen.	0	1	2	3	4

... und was dahinter steckt:

Starten wir mit der (keinesfalls bierernst gemeinten!) Punkteauswertung, die uns zugleich auf die Fährte der Quelle führt, aus der die Thesen stammen:

- **40–33 Punkte:** Instinktiv folgen Sie den Glaubenssätzen »guter Chefs«.
- **32–25 Punkte:** Wollen wir Ihre Zustimmung als entschiedenes »Ja, aber« werten?
- **24–0 Punkte:** Das ist spannend. Ihr spontanes Votum fällt aus dem Rahmen dessen, wovon 80 000 befragte Führungskräfte mehrheitlich überzeugt sind.

Alle Thesen sind »Weisheiten« erfahrener Führungskräfte. Entnommen sind sie dem Buch »Erfolgreiche Führung gegen alle Regeln«, in dem die Autoren Marcus Buckingham und Curt Coffmann die Ergebnisse einer Langzeitstudie des renommierten, weltweit tätigen Meinungsforschungsinstituts Gallup (www.gallup.com) zusammengefasst und kommentiert haben. Ein wichtiges Ziel der Studie bestand darin, den Einstellungen erfolgreicher Führungskräfte nachzuspüren; als prägnante Erkenntnisse sind dabei unter anderem eben jene Thesen herausgesprungen, die ich zum besseren Verständnis mit den Bewertungen von Buckingham/Coffmann und einigen Anmerkungen meinerseits unterlegen will.

1. Die Menschen sind weniger veränderbar, als wir glauben. Gute Führungskräfte sind davon überzeugt, dass jeder Mensch seine eigene Motivationsstruktur besitzt, seine eigene Denkweise, seinen eigenen Umgangsstil. Sie wissen auch, dass sich Menschen nur bedingt ändern lassen. Doch sie beklagen diesen Sachverhalt nicht.

2. Individualität ist faszinierend. In vielen Branchen lebt der Erfolg eines Unternehmens von Spitzenteams, die deshalb spitze sind, weil die Führungskräfte es verstehen, unterschiedliche Talente zu mischen, und weil sie begriffen haben, dass starke Teams aus hervorragenden Einzelkönnern – selbstbewussten Ichs – gebildet werden. Gute Führungskräfte fühlen sich vom »It-Faktor«, den individuellen Begabungen eines Menschen, angezogen und versuchen dementsprechend, ihren Mitarbeitern dabei zu helfen, ihre Besonderheiten in Leistung zu übersetzen.

3. Dass jeder alles erreichen kann, ist ein Märchen. Gute Führungskräfte halten nichts von der Verheißung, dass jeder alles erreichen kann, wenn er nur will. Sie wissen, dass diese Einstellung die Leugnung der Individualität und der unterschiedlichen Verteilung von Potenzial bedeutet. Sie haben verstanden, dass diese Einstellung auf subtile Weise zu einem bequemen Ansatz in der Personalentwicklung und Mitarbeiterführung verleitet; wenn man glaubt, das alle alles erreichen können, kann man alle gleich behandeln.

4. Die Mitarbeiter haben weit mehr in der Hand als die Führungskraft. Verabschieden Sie sich ziemlich schnell vom Rollenbild des allzeit präsenten Lenkers und Kontrolleurs. Als Führungskraft können Sie kritisieren, loben, anregen, Alternativen präsentieren. Sie können Wachrüttler und Wegbegleiter sein, aber Sie können nicht ständig auf der Lauer liegen, immer und überall dabei sein, den Wachhund spielen. Jeder Mitarbeiter entscheidet, was er tut, wann er es tut und wann er es lässt.

5. Erwarte immer das Beste von den Menschen. In gewisser Hinsicht eine Fortführung des gerade erörterten Gedankens: Wer misstrauisch ist, wird es als Führungskraft schwer haben. Wer den Menschen grundsätzlich Skepsis entgegenbringt, der lässt sich durch noch so viele positive Erfahrungen nicht wirklich davon überzeugen, dass er auch künftig von Enttäuschung verschont bleibt. Gute Führungskräfte sind aber Menschenfreunde; sie mögen Menschen, mit all ihren Schwächen und Teufelshörnern.

6. Die besten Mitarbeiter verdienen die meiste Aufmerksamkeit. Gute Führungskräfte wissen aus leidgeprüfter Erfahrung, dass man in der Realität zu selten in die Nähe dieses Ideals kommt. Aber sie wissen auch, dass man sich zur Umsetzung dieses Glaubenssatzes fortwährend disziplinieren muss. Denn Tatsache ist: Der Aufwand, den man betreibt, um die Mangelerscheinungen leistungsschwächerer Mitarbeiter zu kompensieren, geht immer auf Kosten des Engagements für die Pflege und Entwicklung der Leistungs- und Potenzialträger. Wie kontraproduktiv dieses Bemühen ist, sollte man als Führungskraft spätestens dann verstanden haben, wenn ein Top-Mitarbeiter eine Perspektive außerhalb des Unternehmens sucht und ein »Minderleister« immer noch auf seinem Platz sitzt.

7. Fähige Mitarbeiter brauchen fähige Vorgesetzte. Und das sind diejenigen, die ihren Auftrag als Karrierementor verinnerlicht haben, die für ihre Stars und Talente arbeiten, das Beste in ihnen abrufen, ihnen Wachstums- und Bewährungschancen bieten und sie auf diese Weise ans Unternehmen binden.

8. Schlechte Beziehungen lassen sich nur dadurch heilen, dass man sie beendet. Wenn Sie als Führungskraft überwiegend damit beschäftigt sind, die Schwächen eines Mitarbeiters in den Griff zu bekommen, sollten Sie sich eine bittere Wahrheit eingestehen: Der Mitarbeiter ist auf seiner Position die falsche Besetzung, Sie oder Ihr Vorgänger haben einen »Casting-Fehler« gemacht. In diesem Fall gilt es, diesen Grundfehler zu korrigieren und nicht den Mitarbeiter. Finden Sie eine Stelle im Unternehmen, die zu ihm passt. Oder bieten Sie eine Vertragsaufhebung an. Das sind Ihre Wahlmöglichkeiten.

9. Jede Tätigkeit hat ihren Adel. Gute Führungskräfte zollen jedem hervorragend ausgefüllten Job Respekt. Für sie spielt es keine Rolle, ob der Mitarbeiter, der tolle Arbeit leistet, »nur« eine Assistenzfunktion ausübt oder einen hochkomplexen Spezialistenposten meistert. Der Respekt gegenüber beiden ist ebenbürtig.

10. Leistungsdruck ist nötig, um gute Ergebnisse zu erreichen. Gute Führungskräfte verlangen viel, aber nichts, was in ihren Augen unmöglich wäre. Der Druck, den sie erzeugen, ist *smart*, denn er baut auf smart vereinbarten Zielen auf. Einen besseren Weg, um Selbstkenntnis, Selbstbewusstsein und Selbstständigkeit zu fördern, gibt es nicht, und Mitarbeiter, die auf Herausforderung und Entwicklung scharf sind, wissen diese Art Druck zu schätzen und damit umzugehen.

Testen Sie Ihr Wissen!

Die gute alte Frageform des Multiple-Choice steht nicht nur für die Quizshows im Fernsehen Pate, sondern ist nach wie vor ein optimales Format, um erlerntes (in diesem Fall: soeben erworbenes) Wissen auf die Probe zu stellen. Prüfungsatmosphäre und Telefonjoker kann ich Ihnen nicht bieten, dafür aber ausführliche Kommentare zu den jeweils drei Antwortmöglichkeiten auf die folgenden zehn Fragen.

1. Das erste Rendezvous mit dem Team. Auf dem Programm: die Antrittsrede. Welches Statement sollte für eine frisch gebackene Führungskraft zum Auftakt ein absolutes Tabu darstellen?
   - »Ich bin ein ausgewiesener Morgenmuffel. Wenn Sie bei mir etwas durchkriegen wollen, sollten Sie es am besten erst nach 9 Uhr 30 versuchen.«
   - »Ich kann Ihnen versichern, dass es in diesem Jahr keinen weiteren Stellenabbau geben wird.«
   - »Von mir aus können wir herzlich gern du sagen.«
2. Ziele, die Sie mit Ihren Mitarbeitern vereinbaren, sollen *smart* formuliert sein. Das M in *smart* steht für welches Attribut?
   - maßvoll
   - messbar
   - motivierend
3. Am Ende eines Zielvereinbarungsgesprächs muss Klarheit über verschiedene Fragen herrschen. Auf welche der nachstehenden Fragen muss Ihr Mitarbeiter am Ende des Gesprächs zwingend eine Antwort wissen?
   - Welchen Leistungsbonus erhalte ich, wenn ich die Ziele erreiche?
   - Wie kann ich die Ziele erreichen?
   - Warum muss ich die Ziele erreichen?
4. Stellen Sie sich folgende Situation vor: Ein Vertriebsleiter hat zwei Bewerber interviewt, die bisher noch für ein Konkurrenzunternehmen arbeiten. Der eine ist

ein eher aggressiver Typ und hat zuletzt einen Jahresumsatz von 1,2 Millionen Euro gemacht. Der andere ist im Vergleich viel umgänglicher und hat im vergangenen Jahr einen Umsatz von 600 000 Euro erzielt. Welchen Bewerber sollte der Vertriebsleiter nach Ihrer Meinung einstellen?

- Den Aggressiven. Der macht Geld.
- Den Umgänglichen. Den puscht er schon noch zu höheren Ergebnissen.
- Keinen von beiden. Er sucht weiter.

5. Welche dieser Fragen an den Bewerber ist in einem Einstellungsinterview unzulässig?
   - »Sie sind eher so ein Versagertyp, oder?«
   - »Welche Differenzen haben dazu geführt, dass Sie bei der Firma XY gekündigt haben?«
   - »Welcher Glaubensgemeinschaft gehören Sie an?«
6. Angenommen, Sie führen ein Einstellungsinterview mit einem Hochschulabsolventen und der Bewerber erzählt in seiner Selbstpräsentation, dass er zwei seiner Diplomklausuren nur mit Ach und Krach bestanden hat, aber seine Diplomarbeit mit einer 1,0 bewertet wurde. Welche Reaktion steht in Übereinstimmung mit den Interviewregeln aus dem Personalauswahlkapitel?
   - Sie konfrontieren den Bewerber mit Ihrer Schlussfolgerung: »Wenn man hört, was Sie über Ihre Diplomklausuren erzählen, muss man den Eindruck gewinnen, dass Sie mit Druck nicht klarkommen.«
   - Sie fragen den Bewerber: »Wie erklären Sie sich die Notendiskrepanz zwischen der Diplomarbeit und den beiden Klausuren?«
   - Sie gehen auf das Notenthema nicht weiter ein, weil

es jedem passieren kann, Klausuren nur mit Ach und Krach zu bestehen.

7. Ergänzen Sie richtig: Eine verhaltensbedingte Kündigung …
   - ist nur dann zulässig, wenn eine negative Prognose hinsichtlich des Gesundheitszustands des zu kündigenden Arbeitnehmers gegeben ist.
   - erfordert grundsätzlich eine vorherige Abmahnung.
   - bedarf der Zustimmung des Betriebsrats.
8. Treffen wir noch eine szenarioartige Annahme: Aus einer Nachbarabteilung haben Sie einen neuen Mitarbeiter übernommen. In seinen beiden ersten Arbeitswochen kommt er jeweils zu spät zu Ihrem wöchentlichen Morgenmeeting. Er tut das mit einem Spruch ab (»Sorry, meine akademische Viertelstunde«); Sie ärgert sein Verhalten und Sie wollen ihm das deutlich zu verstehen geben. Welche Reaktion ist deutlich im Sinn der Feedbackregeln?
   - Beim zweiten Mal sagen Sie zu ihm vor versammelter Mannschaft: »Die richtig Wichtigen brauchen wohl eine Extraeinladung. Soll ich diese in Zukunft per Mail oder per Post zustellen?«
   - Sie rufen ihn am Nachmittag in Ihr Büro und sagen ihm, dass sich mehrere Kollegen bei Ihnen beschwert haben und Sie sein Verhalten nicht tolerieren können, weil es den Umgangsformen Ihres Teams zuwider läuft.
   - Sie nehmen ein Zuspätkommen noch genau einmal hin. Dann bestellen Sie den Mitarbeiter ein und sagen ihm, dass das bei Ihnen so nicht funktioniert. Entweder ändert er sein Verhalten oder er kann in seine alte Abteilung zurückgehen.

9. Das Delegieren von Aufgaben an Ihre Mitarbeiter hat für Sie als Führungskraft grundlegende Vorteile. Welche Aussage steht nicht für einen solchen Vorteil?
   - Delegieren entlastet.
   - Delegieren reduziert die Zahl der Themen, für die man verantwortlich ist.
   - Delegieren hat eine motivierende Wirkung.
10. Das »situative Führen« gilt als moderner Klassiker unter den Führungskonzepten. Was ist damit gemeint?
   - Die Führungskraft stellt sich in ihrem Führungsstil auf den »Reifegrad« jedes Mitarbeiters ein.
   - Die Mitarbeiter entscheiden autonom. Die Führungskraft tritt je nach Situation beratend hinzu.
   - Die Führungskraft ändert ihre Meinung, um in einer Konfliktsituation den Frieden im Team zu wahren.

Die Kommentare

Zu Frage 1: Nach den Ausführungen des 100-Tage-Kapitels zu urteilen, sollten Sie eines nicht tun: *Ihre Antrittsrede mit Versprechungen und Versicherungen aller Art auskleiden, die man Ihnen später, wenn dann doch alles anders kommt, als die vollmundig-naiven Ankündigungen eines Führungsnovizen vorhalten kann.* Dass Sie Ihren Mitarbeitern gleich das Du anbieten, ist kein Tabu, sondern höchstens ein Thema, bei dem es zu berücksichtigen gilt, ob das Duzen zur Unternehmenskultur, zu Ihrem Team und Ihrem persönlichen Stil passt. Bei dem Hinweis auf die morgendliche Schlechtwetterfront in Ihrem Büro macht der Ton die Musik. Mit selbstbewusstem Humor vorgetragen, ist ein solcher Tipp eine persönliche Aussage, die Sie Ihrem Team, um es noch einmal in den Worten des 100-Tage-Kapitels zu sagen, gleich am ersten Tag näher bringt, Sie einschätzbarer werden lässt.

Zu Frage 2. Das m in *smart* steht für das Attribut *messbar*, für die Überprüfbarkeit des Ziels anhand von Größen- und Mengenangaben oder anderen eindeutig definierten Erfolgskriterien. Maßvoll im Sinn von realistisch und motivierend im Sinn von anspruchsvoll sollen Mitarbeiterziele, die das *smart*-Label verdienen, allerdings genauso sein.

Zu Frage 3. *Über das Warum der Ziele darf am Ende des Zielgesprächs keine Unklarheit bestehen.* Andernfalls wären Sie Ihrem Auftrag nicht gerecht geworden, Ihrem Mitarbeiter zu vermitteln, wie sich seine Ziele in das »größere Ganze« (Teamziele und Unternehmensziele) einfügen. Ein Leistungsbonus wird rückblickend festgelegt; er bezieht sich auf die geleistete Arbeit und nicht auf die, die noch zu leisten ist. Daher ist es wenig sinnvoll, im Zielgespräch mit einem Mitarbeiter über das »Was wäre, wenn« zu spekulieren und die Aussicht auf einen Leistungsbonus als Motivierungsköder einzusetzen. Die Frage, wie Ihr Mitarbeiter an seine Ziele gelangt, ist »vereinbarungsfähig«, sie muss aber im Zielvereinbarungsgespräch nicht mit jedem Mitarbeiter zwingend geklärt werden. Denken Sie an Ihre Entwicklungsmission: Das Führen mit Zielen ist geeignet, gerade Potenzialträger zu selbstbestimmter Lösungssuche anzustiften.

Zu Frage 4. Ein richtig oder falsch gibt es bei dieser Frage nicht. Ich kann Ihnen nur sagen, wie sich die Führungskräfte entschieden haben, denen diese Frage (in leicht modifizierter Form) im Rahmen der bereits zitierten Studie des Gallup-Instituts vorgelegt wurde. *Mit eindeutiger Mehrheit fiel das Votum auf den aggressiven*

Bewerber mit dem höheren Jahresumsatz. Mit der Begründung, dass dieser zwar der wahrscheinlich schwieriger zu führende Mitarbeiter sei, aber zugleich auch jener, der das Ziel, auf das es in seinem Job ankommt (Umsatz!), besser erreicht. Das Fazit, das in der Studie aus diesem Ergebnis gezogen wurde, unterstütze ich voll und ganz: »Gute Manager suchen nicht nach leicht zu handhabenden, sondern nach möglichst talentierten Mitarbeitern.«

Zu Frage 5. *Fragen nach der Religionszugehörigkeit sind (ebenso wie Fragen nach der Parteizugehörigkeit) unzulässig.* Einzige Ausnahme: Der Kandidat bewirbt sich bei einem so genannten Tendenzbetrieb, also zum Beispiel einer kirchlichen Einrichtung (unter anderem konfessionelle Krankenhäuser und Kindergärten) oder einem »religionsgebundenen« Verlag. Die Frage, welche Differenzen zur Kündigung bei einem anderen Unternehmen geführt haben, ist hingegen zulässig, da eindeutig biografiebezogen, und jeder gute Interviewer wird sich für die genauere Erläuterung eines solch markanten Punktes in der Vita interessieren. Einen Bewerber aus der Reserve zu locken, indem man ihn mittels suggestiver Frage attackiert, ist zwar als Frage zulässig, aber in der Form ziemlich plump und mit Sicherheit wenig zielführend. Kein Bewerber wird Ihnen ins Messer laufen und antworten: »Ja, Sie haben Recht. Ich bin ein Versager. Und man merkt das vor allem daran, dass ich …«

Zu Frage 6. Der Bewerber hat von sich aus das Thema Notendiskrepanz angesprochen. Das lässt zunächst nur einen Schluss zu: Das Thema scheint ihn zu beschäftigen. *Ein aufmerksamer Interviewer wird daher versuchen, den Bewerber mittels einer offenen Frage zu einer* *tiefer gehenden Erläuterung einzuladen und erst danach entscheiden, wie er die Aussage bewertet.* Eine übereilt dargebotene Schlussfolgerung (»Bewerber kommt offenbar mit Druck nicht klar«) ist eine Steilvorlage für Rechtfertigung, nicht aber für Selbstreflexion. Und auf das Notenthema nicht einzugehen würde bedeuten, sich an diesem Punkt des Interviews mehr von der Fixierung auf die eigene Theorie (»Schlechte Klausurnoten – kann jedem passieren«) als von der Konzentration auf die Äußerungen des Bewerbers leiten zu lassen; selektives Urteilen würde an die Stelle neugierigen Zuhörens rücken.

Zu Frage 7. Nach dem Grundsatz der Verhältnismäßigkeit stellt eine Kündigung immer das letzte und äußerste Mittel dar, um auf die Nichterfüllung einer Vertragspflicht zu reagieren. *In der Regel muss einer verhaltensbedingten Kündigung daher eine Abmahnung vorausgegangen sein.* (Nur bei besonders gravierenden Verstößen im Vertrauensbereich wie zum Beispiel bei Betrug oder beharrlicher Arbeitsverweigerung ist die Abmahnung entbehrlich.) Eine negative Gesundheitsprognose kann nie zu einer verhaltensbedingten Kündigung führen. Sie ist eine der Voraussetzungen, die für eine personenbedingte Kündigung zu prüfen sind. Dass der Betriebsrat einer Kündigung zustimmen muss, ist falsch. Der Betriebsrat muss vor jeder Kündigung angehört werden, aber dieses Anhörungsrecht verpflichtet den Arbeitgeber nicht, sich nach der Meinung des Betriebsrats zu richten. Die Entscheidung bleibt dem Arbeitgeber vorbehalten.

Zu Frage 8. Der Anpfiff vor versammelter Mannschaft ist zwar zeitnah, aber wegen der Kulisse (vor dem Team, nicht unter vier Augen) und der unverblümten, ironischen Spitze des Vorschlags (Extraeinladung für die richtig Wichtigen) extrem populistisch und bloßstellend. Eine weitere Wiederholungstat abzuwarten stellt nicht zuletzt mit Blick auf die Stimmung im Team eine unnötige Vertagung des Kritikgesprächs dar. Zudem hat das Gespräch in der dargestellten Form nichts mit augenöffnender Kritik zu tun. Es weicht der Kritik aus, ersetzt sie durch die bequemere Stilform der dramatischen Drohgebärde. *Den Mitarbeiter gleich nach dem zweiten Zuspätkommen in die Kritik zu nehmen und ihm zu veranschaulichen, warum er mit seinem Verhalten aneckt und welche Reaktionen es auslöst, ist die einzig deutliche, weil regelkonforme Auslegung der Feedbackregeln.*

Zu Frage 9. Als Führungskraft können Sie immer nur Aufgaben und damit Co-Verantwortlichkeiten delegieren. *Die Rundum-Verantwortung für das, was in Ihrem Bereich passiert und an Ergebnissen produziert wird, reduziert sich durch das Delegieren von Verantwortungshäppchen selbstverständlich nicht.* Sich verantwortlich fühlen – diese Bürde tragen Sie jederzeit. Dass Delegieren Entlastung bringt, ist hingegen ein »echter Vorteil«. Was Sie an Ihre Mitarbeiter weitergeben, müssen Sie nicht selbst erledigen – zugunsten von mehr Spielraum für die Konzentration auf nicht delegierbare Tätigkeiten Ihres Führungsjobs (zum Beispiel Personalgespräche und Ergebnisvermarktung). Wahr ist auch, dass richtig betriebenes Delegieren motivationsförderliches Handeln ist. Es beweist, dass Sie ernsthaft daran interessiert sind, das Engagement und das Know-how Ihrer Mitarbeiter zu nutzen.

Zu Frage 10. *Situatives Führen bedeutet, dass sich die Führungskraft optimal auf jeden Mitarbeiter einstellt* *und je nach Situation auf einer Klaviatur unterschiedlicher Stile spielt.* Um es konkret zu machen: Eine Führungskraft führt situativ, wenn sie beispielsweise einen leistungsschwachen Mitarbeiter durch genaue Anweisungen und Kontrollen »an die Hand nimmt«, andererseits aber einem Leistungsträger alle Freiheiten lässt und ihm hauptsächlich als Sparringspartner für den Austausch von Ideen dient. Von situativem Führen kann hingegen nicht die Rede sein, wenn eine Führungskraft ihre Meinung um des lieben Friedens willen ändert. Ein solches Führungsverhalten ist eher ein Symptom dessen, was im Fachjargon als »Stildrift« bezeichnet wird; das heißt, die Führungskraft nimmt für sich den Druck aus der Situation, indem sie den Weg des geringsten Widerstands geht, anstatt einen der Situation angemessenen Stil zu verfolgen. Eine Konstellation, in der die Mitarbeiter – zumeist aufgrund ihrer hohen Spezialisierung – so gut wie autonom entscheiden und die Führungskraft vorrangig als Koordinator und strategischer Strippenzieher hinter den Kulissen agiert, entspricht dem Bild des so genannten »Laisser-faire-Führens«, wie es heutzutage verstanden wird. (Eine Auffassung, die übrigens im krassen Gegensatz zum traditionellen, negativ konnotierten Verständnis des Laisser-faire-Stils steht, das von der Annahme einer laxen, sich aus der Verantwortung stehlenden Führungskraft geprägt war.)

Hinterfragen Sie Ihr Selbstbild!

Wenn in Unternehmen, die systematisch Personalentwicklung betreiben, eruiert werden soll, ob ein Mitarbeiter »Führungspotenzial« hat beziehungsweise eine Führungskraft für den Sprung auf die nächsthöhere Managementebene geeignet ist, so wird häufig auf das Mittel der *Stärken-Schwächen-Analyse per Fragebogen* zurückgegriffen. Der besondere Clou eines solchen Fragebogens besteht in der Regel darin, dass sich nicht nur die Testperson an die Bearbeitung macht, sondern dass er parallel auch von Kollegen, Vorgesetzten und bisweilen sogar Kunden ausgefüllt wird. Sinn des Verfahrens, das als 360-Grad-Feedback bekannt geworden ist: Der Potenzialträger soll aus dem Abgleich von Selbst- und Fremdeinschätzung Hinweise auf mögliche »Entwicklungsfelder« (Personaldeutsch für Schwächen) gewinnen.

Der Fragebogen, den ich Ihnen als »Abschlussgabe« präsentieren möchte, lehnt sich – wenngleich verkürzt – in Inhalt und Form an jene an, die bei der Einschätzung von Führungspotenzial in der Praxis eingesetzt werden. Ich habe ihn dergestalt aufgebaut, dass Sie ihn, ganz wie beim 360-Grad-Feedback, nicht nur selbst bearbeiten, sondern auch Personen Ihres Vertrauens vorlegen können. Nehmen Sie sich so viel Zeit, wie Sie für eine spontane und ehrliche Selbsteinschätzung für angemessen halten, und setzen Sie Ihre Kreuze nach derselben Punkteskala wie in »Prüfen Sie Ihre Weisheit«. Anschließend erfahren Sie, worauf die 36 Aussagen dieses Fragebogens abzielen.

36 Aussagen zur Selbst-(und Fremd)Einschätzung

1. Ich habe immer Ideen, wie eine Lösung möglich wäre.	0	1	2	3	4
2. Ich lege bei Konflikten meine Interessen offen.	0	1	2	3	4
3. Ich kann auch unter Druck gute Entscheidungen treffen.	0	1	2	3	4
4. Ich vertrete meine Meinung selbstbewusst.	0	1	2	3	4
5. Rückschläge führen dazu, dass ich neue Ansatzpunkte suche.	0	1	2	3	4
6. Ich suche Feedback.	0	1	2	3	4
7. Ich bleibe selbst in Stresssituationen souverän und unaufgeregt.	0	1	2	3	4
8. In Konfliktsituationen finde ich den passenden Stil.	0	1	2	3	4
9. Ich übertrage Stress nicht auf andere.	0	1	2	3	4
10. Ich leite aus Kritik Verhaltensänderungen ab.	0	1	2	3	4
11. Ich behalte vertrauliche Informationen für mich.	0	1	2	3	4
12. Risiken einzugehen macht mir nichts aus.	0	1	2	3	4
13. Ich kann mich gut in die Situation anderer hineinversetzen.	0	1	2	3	4
14. Ich kann mein Kommunikationsverhalten so variieren, dass ich unterschiedliche Menschen erreiche.	0	1	2	3	4
15. Ich kann komplexe Sachverhalte auf den Punkt bringen.	0	1	2	3	4

16. Ich handle stets so, dass Sagen und Tun übereinstimmen.	0	1	2	3	4
17. Ich verstehe es, komplexe Zusammenhänge logisch zu analysieren.	0	1	2	3	4
18. Ich engagiere mich, wenn es eng wird, auch über das übliche Maß hinaus.	0	1	2	3	4
19. Ich treibe die Dinge gern voran.	0	1	2	3	4
20. Ich kann über Fehler diskutieren.	0	1	2	3	4
21. Ich finde bei schwierigen Fragestellungen die Knackpunkte für Erfolg oder Misserfolg heraus.	0	1	2	3	4
22. Ich kann gut damit umgehen, wenn mir Ablehnung entgegengebracht wird.	0	1	2	3	4
23. Ich arbeite auch unter hoher Belastung konzentriert.	0	1	2	3	4
24. Ich sehe eher Möglichkeiten als Grenzen.	0	1	2	3	4
25. Ich spreche Konflikte an und trage zu ihrer Lösung bei.	0	1	2	3	4
26. In unübersichtlichen Situationen nehme ich das Ruder in die Hand und fange an, die Situation zu strukturieren.	0	1	2	3	4
27. Ich habe ein Gespür für die richtigen Entscheidungen.	0	1	2	3	4
28. Ich kann beschwichtigen, wenn zwei sich streiten.	0	1	2	3	4
29. Wenn ich einen Fehler mache, stehe ich auch dazu.	0	1	2	3	4
30. Ich bin ein guter Zuhörer.	0	1	2	3	4

31. Ich bin stark daran interessiert, eigene Ideen und Vorstellungen in die Tat umzusetzen und zu verwirklichen.	0	1	2	3	4
32. Wenn eine Entscheidung ansteht, treffe ich sie schnell.	0	1	2	3	4
33. Ich stelle auch in Diskussionen über mir unbekannte Themen die entscheidenden Fragen.	0	1	2	3	4
34. Ich zeige eine für alle sichtbare Kontinuität und Konsequenz in meinem Handeln.	0	1	2	3	4
35. Ich kann gut Nähe und Vertrauen zu anderen herstellen.	0	1	2	3	4
36. Ich übernehme die Verantwortung, wenn es zu Problemen kommt.	0	1	2	3	4

Auch wenn die Aussagen in ihrer Gesamtheit als wüstes Knäuel erscheinen, haben Sie bestimmt gemerkt, dass es einen roten Faden gibt, dass alle Aussagen »irgendwie« um positiv belegte Verhaltensweisen und Persönlichkeitsfaktoren kreisen. Ihr Gefühl trügt nicht, es ist genau so. Alle Aussagen repräsentieren – und das ist die Methode hinter einem solchen Fragebogen – Verhaltensweisen und Persönlichkeitsfaktoren, die einer Führungskraft gut zu Gesicht stehen und auf die in Auswahlverfahren für Managementpositionen (Interview, Assessment Center etc.) in vielen Unternehmen ausdrücklich geachtet wird. Lassen Sie mich ein bisschen System in die Anordnung bringen und Sie werden sofort sehen, welche verhaltens- und persönlichkeitsbezogenen Indikatoren für

»Führungspotenzial« durch die Aussagen hindurchschimmern.

Verhaltenskompetenzen

Konstruktiver Umgang mit Konflikten

2. Ich lege bei Konflikten meine Interessen offen.
8. In Konfliktsituationen finde ich den passenden Stil.
25. Ich spreche Konflikte an und trage zu ihrer Lösung bei.

Kommunikationsverhalten

14. Ich kann mein Kommunikationsverhalten so variieren, dass ich unterschiedliche Menschen erreiche.
15. Ich kann komplexe Sachverhalte auf den Punkt bringen.
30. Ich bin ein guter Zuhörer.

Entscheidungsverhalten

3. Ich kann auch unter Druck gute Entscheidungen treffen.
27. Ich habe ein Gespür für die richtigen Entscheidungen.
32. Wenn eine Entscheidung ansteht, treffe ich sie schnell.

Persönlichkeit

Selbstvertrauen

4. Ich vertrete meine Meinung selbstbewusst.
22. Ich kann gut damit umgehen, wenn mir Ablehnung entgegengebracht wird.
29. Wenn ich einen Fehler mache, stehe ich auch dazu.

Kritikfähigkeit

6. Ich suche Feedback.
10. Ich leite aus Kritik Verhaltensänderungen ab.
20. Ich kann über Fehler diskutieren.

Machbarkeitsdenken

1. Ich habe immer Ideen, wie eine Lösung möglich wäre.
5. Rückschläge führen dazu, dass ich neue Ansatzpunkte suche.
24. Ich sehe eher Möglichkeiten als Grenzen.

Stressresistenz

7. Ich bleibe selbst in Stresssituationen souverän und unaufgeregt.
9. Ich übertrage Stress nicht auf andere.
23. Ich arbeite auch unter hoher Belastung konzentriert.

Analysefähigkeit (Auffassungsgabe)

17. Ich verstehe es, komplexe Zusammenhänge logisch zu analysieren.
21. Ich finde bei schwierigen Fragestellungen die Knackpunkte für Erfolg oder Misserfolg heraus.
33. Ich stelle auch in Diskussionen über mir unbekannte Themen die entscheidenden Fragen.

Vertrauenswürdigkeit/Kalkulierbarkeit

11. Ich behalte vertrauliche Informationen für mich.
16. Ich handle stets so, dass Sagen und Tun übereinstimmen.
34. Ich zeige eine für alle sichtbare Kontinuität und Konsequenz in meinem Handeln.

Bereitschaft, Verantwortung zu übernehmen

18. Ich engagiere mich, wenn es eng wird, auch über das übliche Maß hinaus.
26. In unübersichtlichen Situationen nehme ich das Ruder in die Hand und fange an, die Situation zu strukturieren.
36. Ich übernehme die Verantwortung, wenn es zu Problemen kommt.

Einfühlungsvermögen

13. Ich kann mich gut in die Situation anderer hineinversetzen.

28. Ich kann beschwichtigen, wenn zwei sich streiten.

35. Ich kann gut Nähe und Vertrauen zu anderen herstellen.

Gestaltungswille

12. Risiken einzugehen macht mir nichts aus.

19. Ich treibe die Dinge gern voran.

31. Ich bin stark daran interessiert, eigene Ideen und Vorstellungen in die Tat umzusetzen und zu verwirklichen.

Keine Angst: Ich will Ihnen zum Abschluss nicht suggerieren, dass Sie in all den genannten Variablen perfekt sein müssen, um sich überhaupt für den Job als Führungskraft zu qualifizieren. Das wäre Küchenpsychologie. Wie ich zu Beginn des Buches zu skizzieren versucht habe, halte ich den ersten Führungsjob für einen Selbsterfahrungstrip, auf den Sie sich unbedingt einlassen sollten, so sich die Chance bietet. Inhalieren Sie möglichst viele Erfahrungen und inspizieren Sie anhand der vielen kleinen und großen Praxisschocks, ob Sie sich vorstellen können, sich auf Dauer in dieser Rolle einzurichten. Die Bereitschaft zur selbstkritischen Reflexion kann dabei nicht von Schaden sein. Das ist alles, wozu ich Sie mit diesem Fragebogen animieren will. Chefs, die sich über Jahre hinweg etwas vormachen oder einbilden, gibt es ja schon genug.

Dankeschön

Zu diesem Buch haben mehrere Menschen durch ihr Wissen und ihre Erfahrungen beigetragen. Für zahlreiche Anregungen geht mein Dank an: meine Führungskollegen Bettina Meier, Oliver Simon und Christian Welsch, meinen Chef Oliver Maassen, Dr. Detlef Schneidawind, Mitglied des Vorstands der Münchener Rück, die Nachwuchschefs Knut Dähne, Albrecht Göcke und Tobias Röpnack, Anja Weidemann von FokusM, meine Fachkollegen Nicole Pilhofer (Arbeitsrecht) und Michael Kobl (Managemententwicklung).

Mein ganz besonderer Dank gilt meiner wichtigsten Inspirationsquelle, meinem motivierten Team: Martina Bischof, Susen Geiger, Birgit Stephan, Stephanie Linke, Carola Miede sowie Bernd Hübner und darüber hinaus allen anderen Kollegen im Talent Center der HypoVereinsbank.